일본어학의 이해

천호재 著

어문학사

서언

본서는 대학에서 개설되는 전공과목 중의 핵심과목인 일본어학개론을 강의하기 위해 만든 것이다. 본 저자가 대학에 들어온 지 어언 20년이 흘렀다. 그동안 매학기 최선을 다해 전공자들에게 일본어학개론을 가르쳐왔지만, 수업시간의 분위기나 수업의 만족도, 이해도는 늘 기대 이하였다. 그 이유로 본 저자는 기존의 교재(일본어 원서로 된 교재)가 일본인을 대상으로 쓰여진 것이다 보니 분량이 지나치게 많고 내용도 지나치게 세부적이기 때문으로 생각한다. 과다한 분량이다 보니 가르치기도 힘들고, 학습 부담도 가중되고 지나치게 세부적이다 보니 내용을 이해하기도 어려웠던 것이다.

그래서 본 저자는 가르칠 내용을 과감히 취사선택을 하여 학습자들이 가급적 학습 부담을 덜 느끼며, 보다 손쉽게 내용을 이해할 수 있도록 일본어학 전문서를 집필하게 되었다. 집필 과정에서 교재의 격을 높이고 싶은 마음에 내용을 많이 추가하였다가 이내 마음을 고쳐먹고 삭제하기를 거듭한 끝에 지금의 모습으로 교재를 출간하기에 이르렀다.

본서는 일본어학 입문서로 금후 일본 유학이나 국내 대학원 진학을 목표로 하는 사람들에게 든든한 징검다리의 역할을 할 수 있을 것으로 생각한다. 또한 본서는 큰 심적 부담이 없이 일본어학의 틀을 단시간 내에 이해하고자 하는 대학생이나 일반인들, 나아가 일본어학을 쉽고

알차게 강의하시고자 하는 교수님들(강사님들)에게도 매우 유용할 것이리라 확신한다.

본서는 총 9장으로 구성되었으며 15주 강의에서 3주에 2장 정도 진도를 나갈 수 있도록 하였다. 각 장마다 목차를 재수록하였으며, 키워드를 한글, 한자, 히라가나로 병기하여 각 장마다 기본적으로 학습해야 할 항목으로서 예고하였다. 내용에 관련된 사진은 꼭 필요하다고 생각되는 경우에만 제시하였는데, 그 이유는 인터넷에서 얼마든지 검색이 가능하기 때문이다.

본서가 세상에 얼굴을 내밀 수 있도록 오랫동안 인내심을 가지고 기다려주신 어문학사 윤석전 사장님께 감사를 드린다. 그리고 원고의 정리에서 편집, 제본에 이르기까지 많은 수고를 아끼지 않으신 편집부와 표지 제작에 애써 주신 원채현님에게 심심한 감사의 뜻을 전한다.

2018.12.

천호재

차례

서언
제1장 일본어의 특질 13

〈제1장의 키워드〉
1 언어의 주요 특징 15
1.1 자의성 15
1.2 선조성 16
1.3 분절성 17
1.4 통합관계와 연합관계 18
1.5 통시태와 공시태 19
1.6 랑그와 파롤 20
2 세계의 언어와 일본어 20
2.1 국어, 일본어, 공용어-일본어에는 공용어가 하나밖에 존재하지 않는다 20
2.2 언어의 형태적 분류-일본어는 교착어이다 22
2.2.1 고립어 22
2.2.2 굴절어 22
2.2.3 교착어 23
2.2.4 포합어 24
2.2.5 에필로그 25
2.3 어순과 일본어-일본어는 S(주어)+O(목적어)+V(동사) 어순을 지니는 언어이다 25
3 일본어의 주요 특성 27
4 일본어학의 다양한 분야 29
5 요약 30
제1장의 참고문헌 32

제2장 일본어의 음성과 음운 35

〈제2장의 키워드〉
1 음성이란 무엇인가? 38
2 음성학 38
3 음성학의 분야 39
4 음성기관과 음성의 단위 40
4.1 음성기관 40
4.2 음성의 단위 40
4.3 단음의 종류 41
4.3.1 모음과 자음의 정의 41
4.3.2 유성음·무성음의 정의 42
4.4 모음과 자음의 종류 42
4.4.1 모음의 종류 42
4.4.2 자음의 종류 44
4.4.2.1 조음점에 의한 분류 44
4.4.2.2 조음법에 의한 분류 45
4.4.2.3 성대 떨림 유무에 의한 분류 46
5 음운론 46
5.1 음운론적 단위 47
5.2 음절과 박 49
5.3 악센트와 인토네이션 50
6 요약 51
제2장의 참고문헌 54

제3장 일본어의 문자와 표기 57

〈제3장의 키워드〉
1 문자의 성립 59
2 일본어 문자의 특징 61
3 일본어의 정서법 65
3.1 한자와 가나 관련 정서법 65
3.2 가나 표기 관련 정서법 66
3.3 외래어 관련 정서법 67
3.4 로마자 관련 정서법 69
4 요약 69
제3장의 참고문헌 72

제4장 일본어의 어휘 75

〈제4장의 키워드〉
1 어휘의 층위 77
2 어휘의 체계 77
3 어휘의 출신-어종(語種) 78
4 한어 읽기 80
5 단어의 내부구조 82
6 복합어의 내부구조 83
7 단어 간의 의미 86
8 단어의 결합-연어와 관용구 87
9 어휘의 사용률과 사용 범위 88
10 어휘와 사회 91
11 요약 92
제4장의 참고문헌 94

제5장 일본어 문법(Ⅰ) 97

〈제5장의 키워드〉
1 문장의 구성 요소-단어, 문(장), 자립어, 부속어, 문절 100
2 품사(品詞) 102
2.1 명사(名詞, noun) 103
2.2 동사(動詞, verb) 105
2.3 형용사(形容詞=イ形容詞, i-adjective) 107
2.4 형용동사(形容動詞=ナ形容詞, na-adjective) 108
2.5 부사(副詞, adverb) 110
2.6 연체사(連体詞, pre-noun adjectival) 111
2.7 접속사(接続詞, conjunction) 112
2.8 감동사(感動詞, interjection) 114
2.9 조동사(助動詞, auxiliary verb) 114
2.10 조사(助詞, postpositional particle) 115
3 요약 116
제5장의 참고문헌 118

제6장 일본어 문법(Ⅱ) 121

〈제6장의 키워드〉
1 문장(文)의 기능 123
2 문장(文)의 종류 123
2.1 단문 123
2.1.1 문장 구성에 의한 분류 123
2.1.2 술어의 품사에 의한 분류 124
2.1.3 발화 목적에 의한 분류 124

2.1.4 문법 카테고리에 의한 분류 126
2.1.5 시제와 상에 의한 분류 128
2.1.6 서법에 의한 분류 130
2.1.7 경어에 의한 분류 133
2.2 복문 134
3 요약 136
제6장의 참고문헌 138

제7장 일본어의 문장과 문체 141

〈제7장의 키워드〉
1 문장(文章)과 담화(談話) 143
2 문장(文章)의 구조 및 종류 144
3 문체의 정의 145
3.1 표현 의도에 따른 분류 146
3.2 음성언어와 문자언어에 따른 분류 147
3.3 문어체 내의 분류 148
3.3.1 한문체(漢文体) 148
3.3.2 기록체(記録体) 148
3.3.3 선명체(宣命体) 149
3.3.4 일한혼합체(和漢混淆体) 150
3.3.5 일문체(和文体) 150
3.3.6 아문체(雅文体) 151
3.3.7 후문체(候文体) 152
4 요약 153
제7장의 참고문헌 154

제8장 언어생활 157

〈제8장의 키워드〉
1 언어생활이란? 160
2 언어변종 160
2.1 방언, 공통어, 표준어 160
2.2 사회방언 162
2.2.1 연령별로 본 사회방언 163
2.2.2 성별로 본 사회방언 163
2.2.3 집단별로 본 사회방언 163
2.2.4 시기별로 본 사회방언 164
2.2.5 기타 165
3 방언의 성립 배경 165
4 역사적 문헌에 보이는 방언 166
5 일본의 방언구획 167
6 요약 168
제8장의 참고문헌 170

제9장 일본사정의 이해 173

1 일본어 학습의 최종 목적 174
2 일본인 시점의 일본사정 175
3 외국인 시점의 일본사정 177
3.1 서론 177
3.2 슈퍼마켓 전단지에 명시된 상품 분류 177
3.2.1 상품 내역 179
3.2.2 슈퍼마켓 전단지에 명시된 상품 가격 182

3.2.3 슈퍼마켓 전단지에 명시된 상품 단위 190
3.2.4 슈퍼마켓 전단지에 명시된 상품의 표기 자종 193
3.2.5 슈퍼마켓 전단지에 명시된 상품의 광고 문구 195
3.2.6 슈퍼마켓 전단지에 명시된 상품의 원산지 202
3.2.7 슈퍼마켓 전단지에 명시된 상품명의 문화 정보 208
3.3 일본과 한국의 슈퍼마켓 전단지 비교 211
3.3.1 상품 종류의 비교 212
3.3.2 광고 문구의 비교 217
3.3.3 원산지 표시 비교 218
3.3.4 음식문화의 비교 219
제9장의 참고문헌 221

日本語学の理解

제1장

〈제1장의 키워드〉

1 언어의 주요 특징

1.1 자의성

1.2 선조성

1.3 분절성

1.4 통합관계와 연합관계

1.5 통시태와 공시태

1.6 랑그와 파롤

2 세계의 언어와 일본어

2.1 국어, 일본어, 공용어-일본어에는 공용어가 하나밖에 존재하지 않는다

2.2 언어의 형태적 분류-일본어는 교착어이다

2.2.1 고립어

2.2.2 굴절어

2.2.3 교착어

2.2.4 포합어

2.2.5 에필로그

2.3 어순과 일본어-일본어는 S(주어)+O(목적어)+V(동사) 어순을 지니는 언어이다

3 일본어의 주요 특성

4 일본어학의 다양한 분야

5 제1장의 요약

제1장의 참고문헌

제1장

일본어의 특질

〈제1장의 키워드〉

언어의 자의성(言語の恣意性, げんごのしいせい), 능기(能記, のうき), 소기(所記, しょき), 선조성(線条性, せんじょうせい), 분절성(分節性, ぶんせつせい), 이중분절(二重分節, にじゅうぶんせつ), 통합관계(統合関係, とうごうかんけい), 연합관계(連合関係, れんごうかんけい), 통시태(通時態, つうじたい), 공시태(共時態, きょうじたい), 랑그(ラング), 파롤(パロール), 공용어(公用語, こうようご), 고립어(孤立語, こりつご), 굴절어(屈折語, くっせつご), 교착어(膠着語, こうちゃくご), 포합어(抱合語, ほうごうご), 어순(語順, ごじゅん), 음성학(音声学, おんせいがく), 음운론(音韻論, おんいんろん), 형태론(形態論, けいたいろん), 통사론(統語論, とうごろん), 의미론(意味論, いみろん), 화용론(語用論, ごようろん), 사회언어학(社会言語学, しゃかいげんごがく), 심리언어학(心理言語学, しんりげんごがく), 역사언어학(歴史言語学, れきしげんごがく)

1 언어의 주요 특징

언어를 가지지 않은 인간은 존재하지 않는다. 즉 국적을 불문하고 인종을 불문하고 지구상에 생존하는 모든 인간은 언어를 가지고 있다. 언어는 인간에게 있어 의사소통의 수단임과 동시에 생존수단이기도 하다. 따라서 인간과 언어는 불가분의 관계를 이룬다. 대부분의 언어는 저마다 고유의 문자와 독특한 음성 음운적 특징을 지니며, 단어, 어순, 문장 레벨에서 제각각 다른 구조적, 의미적 특징을 지닌다. 그럼에도 불구하고 언어는 보편적으로 ①언어의 자의성, ②언어의 선조성, ③언어의 분절성, ④통합관계와 계열관계, ⑤통시태와 공시태, ⑥랑그와 파롤 등으로 대표되는 특징들을 공유한다. 그러면 이하에서 이들의 특징들에 대해 살펴보기로 하자.

1.1 자의성

먼저 언어의 자의성(言語の恣意性, arbitrary)부터 보도록 하자. 넓게 보면 언어는 일종의 기호라고 할 수 있다. 하지만 언어는 그 형식(음성, 표기)과 내용이 아무런 연관을 지니지 않는다는 점에서 기호와는 결정적인 차이를 보인다. 예를 들어 ♨이나 ☀같은 기호는 실제 대상(온천, 태양)과 일정한 관계가 인정되는 반면에, 온천(温泉)이라는 문자(발음)와 온천을 나타내는 ♨표시는 아무런 관련이 없다. 그리고 '온천'은 '온첸', '온촌', '연천', '얀천'일 수도 있는데, 왜 하필이면 '온천'으로 표기되고 읽히는지 그 이유를 딱히 설명할 길이 없다. 이와 같이 표현하는 것(能記, 시니피앙, 기호)과 표현되는 것(所記, 시니피에, 온천 그 자체)에

필연적인 관계가 성립하지 않는 것을 언어의 자의성이라고 한다. 이와 같이 자의성은 언어의 본질인 것처럼 보이지만, 반례처럼 보이는 것도 상당히 있다. 예를 들어 다음과 같은 일본어 의성어・의태어(擬声語・擬態語, onomatopoeia)는 형식과 내용이 일정 부분 연관을 지니는 것으로 생각된다. 유리가 깨지는 소리인 '가쨩(ガチャン)'을 비롯하여 양의 울음소리 '메-메-(メ－メ－)', 돼지가 우는 소리 '부부(ブ－ブ－)', 심장의 고동소리 '도끼도끼(ドキドキ)', 방울이 울리는 소리 '치링(チリ－ン)', 전자레인지 소리 '칭(チン)', 폭발음 '도깡(ドカン)', 천둥소리 '고로고로(ゴロゴロ)' 등의 의성어는 형식(가타가나 표기)과 내용이 상당히 연관성을 지닌다고 할 수 있다. 그다음은 지명인데, 지명은 저절로 붙여지는 것이 아니라 의도적이고 능동적인 명명행위에 의해서 이루어지므로 자의성에 반하는 것으로 볼 수도 있다. 예를 들어 田崎(たさき), 高崎(たかさき), 江崎(えさき), 長崎(ながさき), 神崎(かんざき), 吉崎(よしざき), 黒崎(くろさき), 磯崎(いそざき) 등의 지명을 보면, 제각기 다른 전항 요소(田, 高, 江, 長, 神, 吉, 黒, 磯)가 후항 요소(崎)를 수식하고 있다. 밭이 있는 곶은 田崎, 곶이 높으면 高崎, 강이 인접한 곶은 江崎, 긴 곶은 長崎, 신이 거하시는 곶은 神崎, 길한 곶은 吉崎, 검정 빛깔이 나는 곶은 黒崎이다.

1.2 선조성

모든 언어는 선조성(線条性, linearity)이란 특징을 지닌다. 언어가 문자언어이든 구두언어이든 상관없이 단어가 문장으로 실현되는 경우, 반드시 일정한 시간차를 유지하면서 배열된다. 즉 어떤 언어에서라도 2

개 이상의 언어음을 동시에 발화할 수 없는데, 이것을 언어의 선조성이라고 한다. 예를 들어 これは本です{こ-れ-は-ほ-ん-で-す}나 これ[k-o-r-e]의 문자나 음성 기호는 제각기 시간차를 지니면서 배열된다. {こ-れ-は-ほ-ん-で-す}로 말하면 こ는 れ보다 れ는 は보다 시간적으로 선행된 것이다. これ의 [k-o-r-e]도 마찬가지로 설명할 수 있다. こ와 れ를, [k]와 [e]를 동시에 소리를 내기란 불가능하다. 이는 인간의 발화가 신문, 책, 잡지 등과는 달리, 시간적 간격을 달리하면서 정보를 전달한다는 것을 의미한다. 이런 점에서 신문이나 책, 잡지 등은 인간의 발화보다 훨씬 효율적으로 정보를 전달하는 매개체라고 할 수 있다.

1.3 분절성

본 저자가 유학생의 신분으로 어느 수업에서 들은 말이다. 어느 서양인 신부가 사이판 군도에서, 태어나서 처음으로 일본군이 말하는 일본어를 들었는데, 그 느낌이 꼭 기관총을 쏘는 소리와 흡사하였다고 한다. 그 이유는 아마 일정한 길이의 발화가 지니는 마디와 의미를 모르기 때문이었을 것이다. 발화의 마디를 분절이라고 하는데, 외국어를 듣고 이해하기 위해서는 분절하는 능력이 내재되어 있어야 한다. 즉 일본어를 비롯한 모든 언어에는 분절성(分節性, articulateness)이라는 특징이 있는데, 이 개념은 문장은 단어로, 단어는 음소(또는 단음)로 쪼개어질 수 있는 성질을 가리킨다.

예를 들어 문장 층위로 보면 太郎は花子を愛しているは{太郎-は-花子-を-愛して-いる}로 분절할 수 있다. 단어 층위로 보면 花子는 [h][a][n][a][k][o]로 분절할 수 있다. 단어가 단음으로 분절되는 것을

언어의 제1차 분절이라 하며, 문장이 단어들로 분절되는 것을 언어의 제2차 분절이라고 한다. 모든 언어에는 이와 같이 2종류의 분절이 존재하는 것을 볼 수 있는데, 이를 이중분절(二重文節, double articulation)이라고 한다. 이러한 분절성은 분절된 각 요소의 음성 정보와 의미적 정보 획득이 전제된다는 점을 첨언해둔다. 영어를 비롯한 외국어가 오랜 학습을 통해서도 충분히 들리지 않는다면, 다소 냉혹하게 들릴지도 모르지만 자신의 뇌리 속에 분절 능력이 충분히 장착되지 않았기 때문이라 생각하면 된다.

1.4 통합관계와 연합관계

모든 언어는 통합관계와 연합관계라는 특징을 지닌다. 먼저 통합관계(統合関係, syntagmatic relation)란 예를 들어 太郎は花子を愛している가 {太郎-は-花子-を-愛して-いる}라는 문장 요소(단어)들이 통합하여 하나의 문장으로 성립되는 관계를 말한다. 즉 작은 복수의 문장 요소(단어)들이 통합하여 문장(sentence)이라는 큰 단위(unit)를 만들어 내는 단어들의 관계를 통합관계라고 한다. 음성적인 층위에서도 동일한 설명이 가능하다. 예를 들면 花子는 [h][a][n][a][k][o]에서 보듯 복수의 음성 요소(단음)들이 모여 단어(花子)가 실현된 것이다. 따라서 이들 단음들이나 이미 언급한 복수의 단어들은 상호적으로 통합관계를 형성하는 방식으로 단어 또는 문장이라는 단위를 구축한다고 할 수 있다.

이에 대해 연합관계(連合関係, paradigmatic relation)란 문장이나 단어를 이루는 요소들이 서로 배타적이고 선택적인 관계를 형성하는 것을 말한다. 太郎はこまをもっている로 말하면 太郎 자리에 예를 들어

先生, 彼, 田中, あの学生 등의 (대)명사가 들어갈 수 있다. 다양한 주어의 선택이 가능해지면서 무수한 문장이 만들어지게 되는 것이다. 그러나 太郎와 이들 단어들(先生, 彼, 田中, あの学生)과의 관계는 양립할 수 없으므로 서로 배타적이며, 동시에 선택적이라고 할 수 있다. 단어 층위에서도 동종의 설명이 가능한데, 예를 들어 こま[koma]에서 밑줄 친 [k]자리에 [g]를 넣으면 ごま[goma]라는 전혀 별개의 의미가 되어버린다. [k]와 [g] 역시 서로 배타적이며 동시에 선택적이므로 이들 두 음성 요소(단음)는 연합관계를 형성하는 것으로 생각할 수 있다. 이러한 언어의 통합관계와 연합관계는 언어의 생산성(生産性, creativity, 단어 → 구 → 문장을 무수히 만들어내는 성질)또는 창조성(創造性, productivity, 독자적인 문장을 만들어내는 성질)과도 밀접한 관계를 지닌다.

1.5 통시태와 공시태

언어는 보편적으로 통시태적인 특징과 공시태적인 특징을 지닌다. 통시태(通時態, diachrony)란 시간의 흐름에 따라 변화하는 언어의 국면을 말한다. 예를 들면 과거 시점에 발생한 고어가 어떠한 과정을 거쳐 현대어에 이르게 되었는지, 나아가 고어와 현대어는 어떠한 음성적, 어휘적, 의미적 차이를 보이는지를 고찰한다고 한다면, 이는 바로 언어의 통시태적인 측면을 고찰하는 것이라 할 수 있다. 반면에 공시태(共時態, synchrony)란 특정한 시점에서 보여주는 언어의 상태를 말한다. 예를 들면 현대라는 시점에서 일본어의 음성, 음운, 형태, 문법, 의미나 방언, 청년어, 노인어 등의 특징을 규명하는 것은 일본어라는 언어의 공시태를 고찰하는 것이라고 할 수 있다.

1.6 랑그와 파롤

모든 언어는 공통적으로 랑그와 파롤의 특징을 지닌다. 전자의 랑그(ラング, langue)란 일본사회 구성원들의 의식 속에 내재된 추상적이며, 체계화된 언어 실체를 말한다. 반면에 파롤(パロール, parole)은 일본사회 구성원 개개인들의 언어행동을 가리킨다. 즉 파롤은 저마다 다른 언어변종들(악센트, 중단, 재채기, 말더듬, 주저, 방언, 은어, 노인어, 청년어, 유아어, 전문어 등등)을 가리킨다. 그런데 랑그와 파롤을 생성변형문법에서는 각각 언어능력(言語能力, competence, 모국어 화자의 뇌리나 정신에 내재된 모국어의 추상적인 규칙, 예를 들면 음성규칙, 형태규칙, 의미규칙, 통사규칙 등등)과 언어운용(言語運用, performance, 특정 언어의 모국어 화자들 개개인의 운용)으로 개념화하여 랑그와 파롤을 더 엄밀하게 설명한다.

2 세계의 언어와 일본어

이 절에서는 공용어, 형태적 분류, 어순의 개념을 통해서 일본어의 특성을 살펴보도록 하겠다.

2.1 국어, 일본어, 공용어 일본어에는 공용어가 하나밖에 존재하지 않는다.

지구상에는 약 3000 - 7000여개의 언어가 존재한다. 대표적인 언어로는 영어, 프랑스어, 독일어, 스페인어, 한국어, 중국어, 일본어(日本語) 등이 있는데, 여기에 나열한 일본어라는 용어는 영어, 프랑스어, 독일어, 스페인어, 한국어 등과 같이 언어를 객관적으로 분류했을 때 대두된 것이라고 할 수 있다. 일본인이 일본어를 국어(国語, 1개 국가의 중추를 형성하는 민족의 언어)라고 부를 때, 이 용어는 주관적인 용어라고 할 수 있다. 일본인 외에는 일본어를 국어라고 부르는 일은 없을 것이기 때문이다. 공용어(公用語, 공적으로 그 사용이 인정되는 언어)라는 용어도 있는데, 일본의 공용어는 일본어이다. 즉 일본에서는 일본어라고 불리는 1개의 언어만이 공용어로 인정된다. 한국에서도 한국어라고 불리는 1개의 언어만이 공용어로 인정된다. 그러나 일본이나 한국처럼 모든 국가가 1개의 공용어만을 지니는 것은 아니다. 다음과 같이 하나의 국가에서 2개 이상의 공용어를 지니는 경우도 많다.

① 캐나다의 공용어 - 영어(英語), 프랑스어(フランス語)
② 벨기에의 공용어 - 네덜란드어(オランダ語), 프랑스어
③ 스위스의 공용어 - 독일어(ドイツ語), 프랑스어, 이탈리아어(イタリア語), 로맨스어(ロマンス語)
④ 인도의 공용어 - 가로어, 구자라트어, 네팔어, 라자스탄어, 마니푸르어, 마라티어, 마이틸리어, 말라얄람어, 미조어, 벵골어, 보도어, 산스크리트어, 산탈리어, 아삼어, 영어, 오리야어, 우르두어, 차티스가르어, 카시어, 칸나다어, 코크보로크어, 콘칸어, 타밀어, 텔루구어, 펀자브어, 프랑스어, 힌디어

2.2 언어의 형태적 분류 - 일본어는 교착어이다

인간의 혈액형을 A형, B형, O형, AB형으로 분류하는 것처럼 문장을 구성하는 단어들의 형태적 특징을 근거로 언어를 형태적으로 분류하기도 한다. 일반적으로 언어는 고립어(孤立語), 굴절어(屈折語), 교착어(膠着語), 포합어(抱合語)로 분류되는데 이를 언어의 형태적 분류(言語の形態的分類)라고 한다.

2.2.1 고립어

먼저 고립어(孤立語, isolating language)의 형태적 특징을 지니는 언어부터 보도록 하자. 고립어란 문장을 구성하는 단어가 실질적인 의미만을 나타내며 문법적 기능은 단어의 배열 순서에 의해 발휘된다. 전형적인 예로 중국어를 들 수 있다. 예를 들어 我愛你(난 너를 사랑해)라는 문장을 구성하는 我, 愛, 你는 각각 실질적인 의미만을 나타내며, 주어 我나 목적어 你에 격을 표시하는, 즉 문법적 기능을 하는 별도의 요소는 부가되지 않는다. 우리말로 하면, {나 - 사랑 - 너}와 같이 실질적인 의미만을 나타내는 단어가 배열된 것이라고 할 수 있다. 我가 주어이고 你가 목적어인 것은 단어(대명사)가 그렇게 배열되었기 때문이다. 你愛我와 같이 대명사의 배열 순서를 바꾸면 주어와 목적어의 자리가 바뀌기 때문에 당연히 문장의 해석도 달라진다.

2.2.2 굴절어

굴절어(屈折語, inflexional language)의 특징을 지니는 언어가 있다. 굴절어란 문장을 구성하는 단어의 실질적인 의미를 나타내는 부분(어간)과

문법적인 의미를 나타내는 부분이 분리 불가능한 언어를 말한다. 예를 들어 영어에서는 I(내+가) - my(나+의) - me(나+를)에서 보듯 대명사에서 문법적인 의미를 나타내는 격을 분리할 수 없다. 단어(대명사)의 형태 속에 실질적인 의미를 나타내는 부분과 문법적인 의미를 나타내는 부분이 융합되어 있는 것이다. 전형적인 교착어의 특징을 지니는 일본어에서도 굴절어적인 특징이 확인되기도 한다. 일례로 noma(飲ま)-nomi(飲み)-nomu(飲む)-nome(飲め)를 보면 어간 nom-에서 각각의 문법 요소(밑줄 친 부분)를 분리할 수 없다.

2.2.3 교착어

교착어의 특징을 지니는 언어가 있다. 단어의 실질적인 의미를 나타내는 단어와 문법적인 의미를 나타내는 단어가 분리 가능한 형태로 결합한 언어를 교착어(膠着語, agglutinative language)라고 한다. 대표적인 언어로 일본어, 한국어, 터키어(トルコ語) 등을 들 수 있다. 예를 들어 私は明日日本へ行きます는 {私+は+明日+日本+へ+行き+ます}와 같이 실질적인 의미를 나타내는 단어에서 문법적인 의미를 나타내는 단어(조사, 조동사 등)를 분리할 수 있다. 동일한 특징을 한국어나 터키어에서도 확인할 수 있다. 예를 들어 터키어에서는 다음과 같이 실질적인 의미를 나타내는 단어(동사) sev(사랑하다)에 sevmek{sev+mek, 사랑하는 것}, sevmemek{sev+me+mek, 사랑하지 않는 것}, sevilmek{sev+il+mek, 사랑받는 것}, sevdirmek{sev+dir+mek, 사랑하게 하는 것}, sevdirilmek{sev+dir+il+mek, 사랑하게 하여지는 것}, sevdirilmemek{sev+dir+il+me+mek, 사랑하게 하여지지 않는 것}

과 같이 다양한 문법적인 의미를 나타내는 다양한 요소가 분리 가능한 방식으로 결합된다.

2.2.4 포합어

포합어의 특징을 지니는 언어가 있다. 문장을 구성하는 모든 단어가 밀접하게 결합하여 문장 전체가 하나의 단어와 같은 형태를 취하는 언어를 포합어(抱合語, incorporating language)라고 한다. 대표적인 예로 그린란드어(에스키모어의 하나)를 들 수 있는데, 예를 들어 kavfiliorniarumagaluarpunga라는 문장은 "기꺼이 제가 커피를 끓이도록 하겠습니다."라는 뜻을 지닌다. 문장 전체가 마치 하나의 단어처럼 밀접하게 결합해 있는 것을 볼 수 있다. 그러나 자세히 살펴보면 이 문장은 {kavfi(커피)}에 {-lior(끓이다)}, {-niar(할 예정이다)}, {-umagaluar(기꺼이 ~하겠습니다)}, {-punga(1인칭 단수 접미사)}가 제각각 부가된 것이다. 그런데 이것이 교착어와 구별되는 것은 이들 단어들이 거의 분리되지 않을 정도로 마치 하나의 단어처럼 그린란드 사람들에게 인식되기 때문이다. 이러한 포합어의 특징은 우리들에게 매우 생소해보이지만, 그렇게 먼 나라만의 이야기는 아니다. 예를 들어 synchronized swimming에서 synchronized가 사실은 {syn-chron-iz-ed}와 같이 4개의 구성요소들이 통합하여 성립한 단어인데, 그럼에도 불구하고 영어 화자들은 synchronized를 하나의 단어로 생각한다. 일본어 裏切り는 {裏+切り}에서 보듯 2개의 구성 요소가 통합한 것인데, 대부분의 일본어 화자들은 이 단어를 하나의 단어라고 생각한다.

2.2.5 에필로그

문장을 구성하는 단어의 형태적 유형을 기준으로 여러 언어의 특징들을 살펴보았는데 실제로는 모든 언어가 선명하게 4가지 특징으로 구별되지는 않는다. 경향이 그렇다는 말이다. 예를 들어 고립어의 특징을 지니는 중국어는 我們的에서 보듯 실질적인 의미를 지니는 我에 문법적 의미를 지니는 們(복수의 의미를 나타냄)과 的(소유의 의미를 나타냄)는 분리가 가능하므로 교착어적 특징을 지닌다. 이미 앞에서 언급한 것처럼 교착어의 성질을 지닌 일본어는 noma(飲ま)-nomi(飲み)-nomu(飲む)-nome(飲め)에서 보듯 어간 nom에서 각각의 문법 요소(밑줄 친 부분)를 분리할 수 없기 때문에 굴절어적인 특징을 보이기도 한다. 전형적으로 굴절어의 특징을 지닌 영어에서는 book-books나 What is the population of Japan?에서 보듯 실질적인 의미를 지니는 단어에서 밑줄 친 요소를 분리할 수 있으므로 교착어적인 특징을 보이기도 한다. 하지만 이런 반례가 존재한다고 해서 지금까지 언급해 온 언어의 형태적 분류가 결코 무의미한 것은 아니다.

2.3 어순과 일본어 - 일본어는 S(주어)+O(목적어)+V(동사) 어순을 지니는 언어이다

언어는 어순으로 분류되기도 한다. 어순(語順, word order)이란 문장을 단어 또는 구(句, phrase)의 배열 순서를 말한다. 주어와 동사, 목적어만을 중심으로 어순을 살펴보도록 하자. 이하에 제시하는 S,V,O는 각각

S(=Subject, 주어), V(=Verb, 동사), O(=Object, 목적어)를 의미한다.[1)]

S,V,O를 논리적으로 조합하면 다음과 같은 (1)S+V+O, (2)S+O+V, (3)V+S+O, (4)V+O+S, (5)O+S+V, (6)O+V+S의 6가지 어순이 존재할 가능성이 있는데, 실제로는 (1)S+V+O, (2)S+O+V, (3)V+S+O, (4)V+O+S해서 4가지 어순만 존재하는 것으로 알려져 있다. 물론 발화 도중에 도치가 생겨 어순의 변화가 일어나기도 하지만, 그것은 어디까지나 일시적인 것으로 언어마다 정해진 어순은 제1장에서 언급한 랑그(ラング, langue)의 소산으로 생각할 수 있다.

① S(주어)+V(동사)+O(목적어): 철수가 사랑한다 영희를(35%)
ex)영어, 중국어, 로맨스제어(ロマンス諸語), 반투어(バンツー語), 에스토니아어(エストニア語), 파라과이어(パラグアイ語)

② S(주어)+O(목적어)+V(동사): 철수가 영희를 사랑한다(45%)
ex)**일본어**, 한국어, 터키어(トルコ語), 아이누어(アイヌ語), 티벳어(チベット語), 힌두어(ヒンディー語), 타밀어(タミール語), 페르시아어(ペルシア語), 바스크어(バスク語)

③ V(동사)+S(주어)+O(목적어): 사랑한다 철수가 영희를(18%)
ex) 아라비아어, 이스터 아일랜드어(イースターアイランド語), 헤브라이어(ヘブライ語)

④ V(동사)+O(목적어)+S(주어): 사랑한다 영희를 철수가(2%)
ex)마다가스칼어(マダガスカル語), 통가어(トンガ語)

1) 또한 언어는 계통적으로 분류되기도 하는데, 본서에서는 생략하기로 한다.

개인적으로 본 저자는 중국인 유학생들(10명)에게 “나는 당신을 사랑해요”와 “나는 사랑해요 당신을”이라는 한국어 중에서 어느 쪽에 심리적 안정감을 가지는지를 물어본 적이 있다. 10명 전원이 후자, 즉 “나는 사랑해요 당신을”이라고 대답하였다. 아마 한국사람이나 일본사람들은 “나는 당신을 사랑해요” 쪽에 심리적 안정감을 느낀다고 대답할 것이다. 이는 어순을 지배하는 규칙, 즉 랑그가 각 나라 사람마다 다르기 때문일 것이다. 또한 본 저자는 미국인 학생들(3명)과 영국인 학생(2명)에게 She was watching TV in her room에 대한 한국어 번역으로 “그녀는 자기 방에서 텔레비전을 보고 있었다”와 “그녀는 보고 있었다. 텔레비전을 자기 방 안에서” 중, 어느 쪽의 번역에 심리적 안정감을 느끼냐고 물은 적이 있는데, 이구동성으로 “그녀는 보고 있었다 텔레비전을 자기 방안에서” 쪽이라고 대답하였다.

3 일본어의 주요 특성

일본어의 계통(日本語の系統)은 불명이다. 즉 일본어가 어느 언어(조어)에서 가지를 쳐서 지금의 모습으로 이르렀는지 아무도 모른다는 것이다. 일본어가 알타이어에서 비롯되었다는 북방설, 또는 동남아시아어에서 비롯되었다고 하는 남방설이 있는데, 어느 쪽인지 확실하지 않다. 이 점은 한국어도 마찬가지이다.

세계의 언어에서 차지하는 일본어의 위치(日本語の位置)는 상당히 높은 편이다. 일본어 사용자가 1억 명이 넘기 때문이다. 세계의 10대 언어에 들어갈 정도로 그 위상이 매우 높은 편이며, 한 해에 전 세계의

언어 관련 논문 중에서 일본어 관련 연구 논문이 쏟아지는 비중은 영어에 이어 두 번째일 정도로 막강한 위상을 자랑한다.

일본어의 특성으로 우선 음운(音韻)적인 측면에서 일본어는 특수음절(장음절, 촉음, 발음절)을 제외하고 개음절 구조를 지닌다. 즉 특수음절을 제외하고 일본어 단어는 모두 모음으로 끝을 맺는다는 말이다. 예를 들어 외래어 handback→ハンドバック[handobakku], cunning→カンニング[kanninggu], curve→カーブ[ka:bu]에서 보듯 원음에는 보이지 않는 모음(밑줄 친 부분)이 추가되는데, 이는 일본어 모어 화자들이 개음절을 선호하기 때문이다. 음절수는 111개로 적은 편이며, 고저 악센트의 특징을 보인다. 일본어에서는 음절이 111개밖에 존재하지 않으므로 동음이의어(同音異義語, homonym)가 많다. 동음이의어란 같은 음이지만, 뜻이 다른 단어를 말한다. 예를 들어 教会, 協会, 境界, 教誨, 教戒는 모두 きょうかい로 표기하며 발음한다. 그럼에도 불구하고 언어 사용에 불편함을 크게 느끼지 않는 것은 특정 단어가 맥락(context)의 지배를 받아 선택되기 때문이다. 동음이의어가 많다보니 한국의 아재개그와 비슷한 오야지 개그(おやじギャグ), 그리고 지구치(じぐち)와 같은 언어문화가 상당히 발달해 있다. 문법적으로는 수(数, number), 성(性, gender), 격(格, case)의 제약이 없기 때문에 수, 성, 격의 제약을 받는 독일어, 이탈리아어, 스페인어보다 훨씬 학습이 용이하다. それを私に下さい에서 보듯 조사(밑줄 친 부분)는 체언(명사, 대명사) 뒤에 위치하기 때문에 전치사(前置詞)가 없다. 굳이 말하자면 일본어에는 후치사(後置詞)가 영어(중국어)의 전치사의 역할을 대신한다. 이는 한국어도 마찬가지여서 한국인 일본어 학습자는 일본어 조사를 서구인들

에 비해 비교적 수월하게 학습할 수 있다. 또한 きれいな花子さん과 같이 수식어(修飾語)는 늘 피수식어(被修飾語) 앞에 위치하며, 지시어는 근칭(近称), 중칭(中称), 원칭(遠称)으로 3항 체계이다. 참고로 영어나 중국어의 지시어는 2항 체계이다. 문자로는 한자(漢字), 히라가나(平仮名), 가타가나(片仮名), 로마자(알파벳), 아라비아 숫자 등이 사용된다. 일본어에는 남성어(男性語)와 여성어(女性語), 유아어(幼児語), 노인어(老人語), 청소년어(青少年語), 청년어(若者言葉), 아어(雅語)와 속어(俗語), 전문어(専門語), 은어(隠語), 공통어(共通語), 표준어(標準語), 방언(方言)과 같은 다양한 변종이 존재하고 있다.

4 일본어학의 다양한 분야

일본어학(언어학)에는 사회, 역사, 지리, 심리, 의미, 문장(文章), 문장(文), 단어, 음성 등, 어느 층위(level)에 주목하여 연구를 하느냐에 따라 다음과 같은 다양한 분야가 존재한다.

① 음성학(音声学, phonetics) - 단어를 구성하는 음성(단음)을 연구 대상으로 하는 연구 분야이다.
② 음운론(音韻論, phonology) - 음소의 체계와 악센트의 특징을 연구하는 분야이다.
③ 형태론(形態論, morphology) - 단어의 내부구조와 분류를 연구하는 분야이다.
④ 통사론(統語論, syntax) - 문장(sentence)을 구성하는 단어들의 문법적

인 관계를 규명하는 분야이다.

⑤ 의미론(意味論, semantics) - 단어나 문장(文)의 의미를 기술하는 분야이다.

⑥ 화용론(語用論, pragmatics) - 단어나 문장(文)의 의미를 문맥과 관련지어 연구하는 분야이다.

⑦ 사회언어학(社会言語学, sociolinguistics) - 언어(일본어)와, 언어(일본어)를 사용하는 인간의 사회적 속성과의 관계를 연구하는 분야이다.

⑧ 심리언어학(心理言語学, psycholinguistics) - 언어(일본어)의 산출 및 이해의 메커니즘과 언어(모국어, 제2외국어)의 습득 과정을 연구하는 분야이다.

⑨ 역사언어학(歴史言語学, historical linguistics) - 언어(일본어)의 통시적 측면을 연구하는 분야이다. ☞일본어사(日本語史)

5 요약

언어의 주요 특징으로 사의성, 선조성, 분절성, 통합관계·연합관계, 통시태·공시태, 랑그·파롤을 들 수 있다. 일본어는 1개의 국어와 1개의 공용어를 지닌다. 언어는 형태적 특징에 따라 고립어, 굴절어, 교착어, 포합어로 분류된다. 일본어는 교착어에 속하며 S(주어)+O(목적어)+V(동사)의 어순을 지닌다. 일본어는 계통불명의 언어이며, 세계의 언어에서 일본어가 차지하는 위상은 매우 높다. 일본어는 기본적으로 개음절 구조를 지니며, 음절수는 111개이다. 음절수가 다른 언어(중국어, 영어)보다 적은 편이기 때문에 동음이의어가 많다. 동음이의어가 많다보니 오야지 개그나 지구치와 같은 언어유희가 많이 발달해 있다. 문법적으로 수, 성, 격의 제약이 없으며 후치사가 영어의 전치사 역할을 대신한다. 수식어는 늘 피수식어 앞에 위치한다. 3항 체계의 지시어 체계를 지니며, 표기로는 한자, 히라가나, 가타가나, 알파벳, 아라비아 숫자 등이 사용된다. 일본어에는 남성어, 여성어, 유아어, 노인어, 청소년어, 청년어, 아어, 속어, 전문어, 은어, 공통어, 표준어, 방언 등과 같은 다양한 언어변종이 존재한다. 일본어학에는 음성학, 음운론, 형태론, 통사론, 의미론, 화용론, 사회언어학, 심리언어학, 역사언어학 등의 다양한 분야가 있다.

제1장의 참고문헌

가게야마 타로(影山太郎, 2001)『形態論と意味』くろしお出版, pp.1-222.

가자마 기요조 외(風間喜代三, 2004)『言語学』東京大学出版会, pp.1-253.

가와카미 신(川上蓁, 1992)『日本語音声概説』桜楓社, pp.1-122.

가토 아키히코 편(加藤彰彦編, 1990)「第1章 世界の中の日本語」『日本語概説』桜楓社, pp.7-21.

고이케 이쿠오 외(小池生夫 外, 2004)『第二言語習得研究の現在』大修館書店, pp.1-340.

고이즈미 다모쓰(小泉保, 1994)『言外の言語学』三省堂, pp.1-295.

구니히로 데츠야(国広哲弥, 1982)『意味論の方法』大修館書店, pp.3-300.

구사나기 유타카(草薙裕, 2000)『現代日本語の語彙・文法』くろしお出版, pp.3-239

기타하라 야스오 편자(北原保雄 編者, 1996)「第一章 総論」『概説日本語』朝倉書店, pp.1-168.

김공칠(金公七, 1994)「제1장 序説」『日語学概論』時事日本語社, pp.9-18.

나카이 세이치(中井精一, 2005)『社会言語学のしくみ』研究社, pp.1-185.

나카무라 마사루 외(中村捷 外, 2001)『生成文法の新展開』研究社, pp.1-297.

니시다 다쓰오(西田竜雄, 1991)『言語学を学ぶ人のために』世界思想社, pp.3-346.

다카하시 타로(高橋太郎, 2003)『方言研究法の探索』ひつじ書房, pp.1-306.

다나카 하루미 외(田中春美, 1983)『言語学のすすめ』大修館書店, pp.4-306.

다나카 하루미 외(田中春美, 1990)『言語学入門』大修館書店, pp.3-262.

다카미자와 하지메 감수(高見沢孟監修, 2004)「第1章 言語としての日本語」『日本語教育1』語文学社, pp.7-22.

도쿠가와 무네마사(徳川宗賢)・사나다 신지(真田信治, 1991)『新・方言学を学ぶ人のために』世界思想社, pp.1-291.

마쓰무라 아키라 편(松村明編, 1975)『日本語の歴史』学生社, pp.9-276.

마치다 켄(町田健)・모미야마 요스케(籾山洋介, 1995)『よくわかる言語学入門』バベル・プレス, pp.2-179.

모리오카 다카시(益岡隆志外, 1997)『文法』岩波書店, pp.1-178.

미하라 켄이치(三原健一)・히라이와 켄(平岩健, 2006)『新日本語の統語構造』松柏

社, pp.1-372.
사사키 미즈에(佐々木瑞枝, 2006)『日本語とジェンダー』ひつじ書房, pp.1-217.
스기모토 다카시(杉本孝司, 1998)『意味論1-形式意味論』くろしお出版, pp.3-215.
스즈키 가즈히코 감수(鈴木一彦 監修, 2007)「第1章 総論〈日本語学と言語学〉」『概説日本語学』pp.9-19.
스즈키 시게유키(鈴木重幸, 1990)『日本語文法・形態論』むぎ書房, pp.1-518.
시미즈 요시아키(清水義昭, 2002)「日本語学概説」『概説日本語学・日本語教育』おうふう, pp.9-16.
시바타 다케시 외(柴田武外, 1956)『発声と発音』宝文館, pp.3-239.
시바타 다케시 외(柴田武外, 1975)『日本語の表現』学生社, pp.9-290.
시바타니 마사요시・가게야마 타로(影山太郎)・다모리 이쿠히로(田守育啓, 1992)「第4章 統語現象」『言語の構造-意味・統語編』くろしお出版, pp.213-269.
오기노 쓰나오(荻野綱男, 2007)「総論」『現代日本語学入門』明治書院, pp.10-22.
오니시 마사오(大西雅雄, 1931)『国語の発音』大学書林, pp.1-114.
윤상실・윤호숙・황광길(2004)「제1장 언어」『일본어학의 이해』J&C, pp.9-18.
정현혁(2012)「제1장 일본어와 일본어의 특질」『일본어학의 이해』인문사, pp.9-24.
천호재(2013)『언어의 이해』어문학사, pp.4-293.
천호재(2015a)「14 오야지개그 문화의 일본어학적 이해」『일본문화의 이해와 일본어교육』역락, pp.261-290.
천호재(2015b)「15 외래어의 사회언어학적 이해」『일본문화의 이해와 일본어교육』역락, pp.291-334.
천호재(2016)『언어문화로 본 일본사정의 이해』역락, pp.13-207.
천호재(2018)「일본인 한자 성씨의 중층적 분석」『日本語文学』80, pp.223-248.
후루타 도사쿠(古田東朔, 1987)「第1章 言語・国語」『新日本語概説』くろしお出版, pp.9-18.
후루타 도사쿠(古田東朔, 1994)「1-日本語」『改訂版 日本語学概論』放送大学教育振興会, pp.9-18.
〈 擬声語 〉 https://ja.wikipedia.org/wiki/%E6%93%AC%E5%A3%B0%E8%AA%9E 검색년월일 2018.09.29.

제2장

〈제2장의 키워드〉
1 음성이란 무엇인가?
2 음성학
3 음성학의 분야
4 음성기관과 음성의 단위
4.1 음성기관
4.2 음성의 단위
4.3 단음의 종류
4.3.1 모음과 자음의 정의
4.3.2 유성음·무성음의 정의
4.4 모음과 자음의 종류
4.4.1 모음의 종류
4.4.2 자음의 종류
4.4.2.1 조음점에 의한 분류
4.4.2.2 조음법에 의한 분류
4.4.2.3 성대 떨림 유무에 의한 분류
5 음운론
5.1 음운론적 단위
5.2 음절과 박
5.3 악센트와 인토네이션
6 요약
제2장의 참고문헌

제2장

일본어의 음성과 음운

〈제2장의 키워드〉

음성(音声, おんせい), 음성학(音声学, おんせいがく), 음성기호(音声記号, おんせいきごう), 음운기호(音韻記号, おんいんきごう), 국제음성기호(国際音声記号, こくさいおんせいきごう), 조음음성학(調音音声学, ちょうおんおんせいがく), 음향음성학(音響音声学, おんきょうおんせいがく), 청각음성학(聴覚音声学, ちょうかくおんせいがく), 날숨(呼気, こき), 들숨(吸気, きゅうき), 단음(単音, たんおん), 음절(音節, おんせつ), 모음(母音, ぼいん), 자음(子音, しいん), 반모음(半母音, はんぼいん), 유성음(有声音, ゆうせいおん), 무성음(無声音, むせいおん), 협모음(狭母音, せまぼいん), 광모음(広母音, ひろぼいん), 전설모음(前舌母音, ぜんぜつぼいん), 중설모음(中舌母音, ちゅうぜつぼいん), 후설모음(後舌母音, こうぜつぼいん), 원순모음(円唇母音, えんしんぼいん), 비원순모음(非円唇母音, ひえんしんぼいん), 조음점(調音点, ちょうおんてん), 양순음(両唇音, りょうしんおん), 치경음(歯茎音, しけいおん), 치경경구개음(歯茎硬口蓋音, しけいこうこうがいおん), 경구개음(硬口蓋音, こうこうがいおん), 연구개음(軟口蓋音, なんこうがいおん), 구개수음(口蓋垂音, こうがいすいおん), 성문음(声門音, せいもんおん), 조음법(調音法, ちょうおんほう), 파열음(破裂音, はれつおん), 마찰음(摩擦音, まさつおん), 파찰음(破擦音, はさつおん), 탄설음(弾き音, はじきおん), 비음(鼻音, びおん), 유성자음(有声子音, ゆうせいしいん), 무성자음(無声子音, むせいしいん), 음소(音素, おんそ), 최소대립(最少対立, さいしょうたいりつ), 변이음(変異音, へんいおん), 조건이음(条件異音, じょうけんいおん), 동화(同化, どうか), 상보분포(相補分布, そうほぶんぷ), 자유이음(自由異

音, じゆういおん), 개음절성(開音節性, かいおんせつせい), 등시성(等時性, とうじせい), 박(拍, モーラ), 조소(調素, ちょうそ), 고저악센트(高さアクセント), 평판식(平板式, へいばんしき), 기복식(起伏式, きふくしき), 평판형(平板型, へいばんがた), 두고형(頭高型, あたまだかがた), 중고형(中高型, なかだかがた), 미고형(尾高型, おだかがた)

1 음성이란 무엇인가?

인간의 언어는 소리를 매개체로 해서 전달된다. 당연한 말이지만, 그 소리는 인간의 구강(비강), 즉 음성기관(音声器官, speech organ)을 통해서 나오게 된다. 소리는 언어를 구성하는 가장 기본이 되는 단위이므로, 언어(일본어)의 특징을 규명하고자 할 경우, 소리가 가장 먼저 연구 대상이 된다. 그런데 음성기관을 통해서 나는 소리 중에는 기침이나 흐느끼는 소리도 있는데, 이것은 연구의 대상에서 제외된다.[2] 오로지 일정한 의미를 전달하기 위해서 음성기관을 통제해서 나는 소리만이 연구의 대상이 된다. 이하에서는 이 소리를 음성(音声)이라 하여 소리와는 구별하기로 한다.

2 음성학

인간이 구사하는 언어 음성의 성질 및 특징을 하나하나 구체적으로 연구하는 분야를 음성학(音声学, phonetics)이라 한다. 음성학에서는 예를 들어 学生로 말하면 がくせい를 구성하는 하나하나의 음성, 즉 [g][a][k][u][s][e][i]를 물리적으로 관찰한다. 음성학에서는 음성을 [ ]에 알파벳 소문자를 넣어 표기한다.[3] 이때, 이 알파벳 기호를 음성기호(音声記号, phonetic symbol)라고 한다. 한편 후술하지만 / /에 알파벳 기호를 넣

2) 이들 소리는 표정음(表情音), 모사(模写), 음상징(音象徵), 비언어음(非言語音)이라 불린다.

3) 음성기호로 알파벳 소문자뿐만 아니라 ɯ나 ɸ와 같이 특수문자가 사용되기도 한다.

는 방식으로 표기하기도 하는데, 이것은 음운 기호(音韻記号, phoneme symbol)라 하여 음성 기호와 구별한다. 국제음성학회에서는 1888년에 전 세계 언어의 모든 음성을 제대로 읽고 표기할 수 있도록 규격화된 음성기호를 제정하였는데, 이를 국제음성기호(国際音声記号, International Phonetic Alphabet, IPA)라고 한다.

3 음성학의 분야

음성학은 음성의 특질을 어떠한 방식으로 규명하느냐에 따라 조음음성학(調音音声学), 음향음성학(音響音声学), 청각음성학(聴覚音声学)으로 나뉜다. 먼저 조음음성학(調音音声学, articulatory phonetics)은 음성이 구체적으로 음성기관의 어느 부위가 어떻게 관여하여 만들어지는지를 연구하는 분야이다. 둘째, 음향음성학(音響音声学, acoustic phonetics)은 음성(모음, 자음)의 특징을 음파라는 형태로 포착하여 연구하는 분야이다. 마지막으로 청각음성학(聴覚音声学, auditory phonetics)은 청각기관을 통해 청취된 음성이 어떠한 경로를 거쳐 화자나 청자에게 인지되는지를 연구하는 분야이다.

4 음성기관과 음성의 단위

4.1 음성기관

호흡에는 날숨(呼気, exhalation)과 들숨(吸気, inspiration)이 있는데, 날숨을 통해서 나는 소리가 바로 음성이다. 음성은 들숨에 의해서 축적된 에너지가 기관(気管, trachea)→ 후두(喉頭, larynx)→ 인두(咽頭, pharynx)→ 구강(口腔, the oral cavity)/비강(鼻腔, Nasal cavity)으로 빠져 나가면서 만들어진다. 다음의 〈그림1〉은 구강도를 나타낸다.

【음성기관】

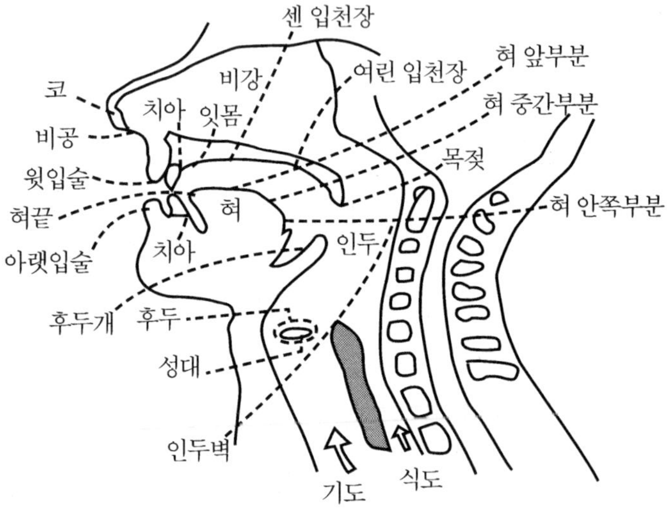

〈그림1〉 구강도와 명칭

4.2 음성의 단위

学生의 음성기호는 [gakɯsei]로 표시할 수 있다. 즉 学生는 [g][a][k][ɯ][s][e][i]이라는 7개의 음성이 모여 성립한 것이다. 이 음성 하나하나를 단음(単音, phone)이라고 한다. 이 단음은 음성의 최소단위(音声の最小単位)로 취급된다. 이에 반해 음절(音節, syllable)은 청각적인 경계를 지닌 음성 단위이다. 청각적인 경계를 지닌다는 말은 실제로 음성을 입 밖으로 낼 수 있고 귀로 들을 수 있다는 뜻이다. 예를 들어 [gakɯsei]는 [ga・kɯ・se・i]와 같이 4음절로 구성된 것이다. 물론 단음 중에서 [a][ɯ][e][i] 등의 모음은 청각적인 경계를 지니므로 그 자체가 음절이 된다. 반면에 [g][k][s]와 같은 자음은 단독으로 발음이 불가능하다. 즉 자음만으로는 청각적인 경계를 지닐 수 없기 때문에 자음은 음절이 될 수 없다. 자음은 반드시 모음과 결합하여 비로소 음절이 된다.

4.3 단음의 종류

4.3.1 모음과 자음의 정의

단음은 음성이 구강 내의 음성기관으로부터 음성이 받는 방해의 정도에 따라 모음(반모음)과 자음으로, 성대의 떨림 유무에 따라 유성음과 무성음으로 분류된다. 먼저 모음과 자음부터 보자. 모음(母音, vowel)은 구강 내의 음성기관으로부터 크게 방해를 받지 않고 나는 음성이다. 전형적인 예로 あ, い, う, え, お를 들 수 있다. 모음을 축자적으로 엄마 소리로 해석하면 모음의 성격을 어느 정도 이해할 수 있을 것이다. 자음(子音, consonant)은 구강 내의 음성기관으로부터 방해를 많이 받아 나는 음성이다. 예를 들면 か, し, ち, て, な, ひ, ほ, め, れ에서 모음을 제외한 나머지 음성이 바로 자음이다. 자음을 축자적 의미로 어린이 소리로 이해하면 자음의 성격을 이해하기 쉬울 것이다. 반모음(半母音, semi vowel)은 구강 내의 음성기관으로부터 모음보다는 방해를 많이 받고, 자음보다는 방해를 덜 받는 음성이다. や, ゆ, よ가 그 예이다.

4.3.2 유성음·무성음의 정의

성대의 떨림을 기준으로 유성음과 무성음으로 음성을 구별하기도 한다. 유성음(有声音, voiced sound)은 성대의 떨림을 동반하는 음성이다. 예를 들어 모음, 반모음은 모두 유성음이며, 자음 중에서 [b][d][g][n][m][r]은 유성음의 특징을 지닌다. 이에 대해서 무성음(無声音, voiceless sound)은 성대의 떨림을 동반하지 않은 음성이다. 예를 들어 地下鉄[ch<u>i</u>k<u>a</u>t<u>e</u>ts<u>ɯ</u>]의 밑줄 친 부분의 모음, [p][t][k][s][h]와 같은 자음은 무성음의 특징을 지닌다. 손가락을 성대에 대면 해당 음성이 무성음인지, 유성음인지를 알 수 있다. 판단이 서지 않으면 유성음은 성대가 떨리도록 해서, 무성음은 성대가 가급적 떨리지 않도록 해서 소리를 내어 보자.

4.4 모음과 자음의 종류

4.4.1 모음의 종류

모음은 혀의 위치가 높으냐 낮으냐, 혀의 어느 부위가 관여하느냐, 입술 모양이 둥그냐, 혹은 둥글지 않느냐에 따라 세 가지로 분류된다.

먼저, 특정 모음의 발음에 관여하는 혀의 위치가 높은가, 혹은 낮은가에 따라서 협모음 또는 광모음으로 분류된다. 협모음(狭母音, close vowel)은 혀의 위치가 높은 반면에 구강 내는 좁다. 예를 들면 모음 い[i]와 う[ɯ]를 들 수 있다. 혀의 위치와 구강 내의 크기를 염두에 두면서 い[i]와 う[ɯ]를 발음해 보도록 하자. 이에 반해 광모음(広母音, open vowel)은 혀의 위치가 낮으며, 구강 내가 넓은 모음을 말한다. 예를 들어 모음 あ[a], え[e], お[o]를 들 수 있는데, 혀의 위치와 구강 내의 크기를 협모음과 비교하면서 あ[a], え[e], お[o]를 발음해보도록 하자.

둘째, 모음의 발음에 혀의 어느 부위(전설-중설-후설)가 관여하느냐에 따라 전설모음, 중설모음, 후설모음으로 분류된다. 먼저 전설모음(前舌母音, front vowel)은 혀 앞부분(전설)이 경구개 쪽을 향해 솟아오른 상태에서 나는 모음이다. 예를 들어 모음 い[i]를 들 수 있다. 모음 い[i]를 발음하면서 혀의 부위를 살펴보도록 하자. 중설모음(中舌母音, central vowel)은 혀의 중간 부분(중설)이 경구개 뒷부분과 연구개 앞부분을 향해 솟아오른 상태에서 나는 모음이다. 예를 들어 모음 え[e]를 들 수 있는데, 모음 え[e]를 발음하면서 혀의 어느 부위가 어떻게 솟아오르는지를 살펴보도록 하자. 후설모음(後舌母音, back vowel)은 혀의 안쪽 부분(후설)이 연구개를 향해 솟아오른 상태에서 나는 모음이다. あ[a], お[o], う[ɯ]가 후설모음인데, あ[a], お[o], う[ɯ]를 발음하면서 혀의 어느 부위가 어떻게 솟아오르는지를 면밀히 살펴보도록 하자.

마지막으로 입술 모양이 둥그냐, 또는 둥글지 않느냐에 따라 모음은 원순모음과 비원순모음으로 분류된다. 특정 모음을 발음할 때, 입술 모양이 둥근 모음을 원순모음(円唇母音, rounded vowel)이라 하는데, 모음 お[o]를 예로 들 수 있다. 이에 반해서 특정 모음을 발음하는 경우, 입술 모양이 둥글지 않는 모음을 비원순모음(非円唇母音, unrounded vowel)이라고 한다. 비원순모음으로 모음 い[i], え[e], あ[a], う[ɯ]를 들 수 있다. 한국어 모음 우[u]는 입술모양이 동그란 원순모음인 반면에, 일본어의 모음 う[ɯ]는 입술모양이 둥글지 않으며 그 점에서 비원순모음으로 취급되는 점을 유의하도록 하자.

4.4.2 자음의 종류

자음은 이미 언급한 것처럼 구강 내의 다양한 부위들의 방해를 받아서 나는 음성이다. 자음은 구강 내의 특정한 부위(조음점)에서 만들어지느냐, 어떠한 방법(조음법)으로 만들어지느냐, 성대의 떨림을 동반하느냐(유성음) 하지 않느냐(무성음)에 따라 분류된다.

4.4.2.1 조음점에 의한 분류

먼저 자음을 발음할 때, 구강 내(성도)의 어느 곳이 발음에 관여하느냐, 즉 조음점(調音点, point of articulation)이 무엇이냐에 따라서 자음은 양순음, 치경음, 치경경구개음, 경구개음, 연구개음, 구개수음, 성문음 등으로 분류된다. 조음점을 체크하면서 각종 음성을 발음해 보자.

① 양순음(両唇音, bilabial) - 윗입술과 아랫입술이 맞닿았다가 떨어지면서 나는 자음이다. ex)ま, み, む, め, も, ぱ, ぴ, ぷ, ぺ, ぽ의 자음

② 치경음(歯茎音, alveolar consonant) - 혓날이 윗니 뒤의 잇몸에 맞닿았다가 (거의 근접하였다가) 떨어지면서 나는 자음이다.
ex)さ, し, す, せ, そ, た, て, と, な, に, ぬ, ね, の, ら, り, る, れ, ろ의 자음

③ 치경경구개음(歯茎硬口蓋音, alveolo-palatal) - 혀 앞부분(전설)과 치경경구개가 맞닿은 상태에서 나는 자음이다.

ex)ち, ちゃ, ちゅ, ちょ, に, にゃ, にゅ, にょ의 자음

④ 경구개음(硬口蓋音, palatal) - 혀 앞부분과 경구개가 거의 맞닿을 듯한 상태에서 나는 자음이다. ex)ひ, ひゃ, ひゅ, ひょ의 자음

⑤ 연구개음(軟口蓋音, velar) - 혀 안쪽 부분과 연구개가 거의 맞닿은 상태에서 나는 자음이다. ex)か, き, く, け, こ, が, ぎ, ぐ, げ, ご의 자음

⑥ 구개수음(口蓋垂音, uvular) - 혓몸이 연구개 안쪽에 있는 목젖(구개수)에 거의 맞닿은 상태에서 나는 자음이다.
ex)단어 끝에 오는 ん→ ほん, パン, かばん

⑦ 성문음(声門音, glottal) - 좁은 성문을 빠져 나오는 자음이다. 성대는 진동하지 않는다. ex)は, へ, ほ의 자음

4.4.2.2 조음법에 의한 분류

어떠한 방법으로 자음을 만들어내느냐, 즉 조음법(調音法, manner of articulation)에 따라서 자음은 파열음, 마찰음, 파찰음, 탄설음, 비음으로 분류된다. 이하 구강 내의 상태를 의식하면서 아래의 음성들을 발음해보도록 하자.

① 파열음(破裂音, explosive) - 특정 조음점에서 날숨이 막혀 있다가 개방되면서 순식간에 나는 자음. ex) か, き, く, け, こ, ぱ, ぴ, ぷ, ぺ, ぽ, た, て, と의 자음

② 마찰음(摩擦音, fricative) - 특정 조음점과 조음자(예를 들면 혀)가 거의 근접한 상태가 되면 좁은 틈이 만들어지는데, 그 좁은 틈을 마찰을 일

으키면서 빠져 나오는 자음이다. ex) さ, し, す, せ, そ, は, ひ, ふ, へ, ほ의 자음

③ 파찰음(破擦音, affricate) - 파열과 마찰이 동시에 일어나면서 만들어지는 자음이다. ex) つ, ち, ちゃ, ちゅ, ちょ의 자음

④ 탄설음(弾き音, tap and flap) - 혓날이 잇몸을 튕기면서 나는 자음이다. ex) ら, り, る, れ, ろ의 자음

⑤ 비음(鼻音, nasal) - 날숨이 구강이 아닌 비강으로 빠져 나오면서 나는 자음이다. ex) ま, み, む, め, も, な, に, ぬ, ね, の의 자음

4.4.2.3 성대 떨림 유무에 의한 분류

마지막으로 성대의 떨림을 동반하느냐 하지 않느냐에 따라 자음은 유성자음과 무성자음으로 분류된다. 이하의 음성들을 성대를 체크하면서 발음을 해보자.

① 유성자음(有声子音, voiced consonant) - 성대의 떨림을 동반하는 자음이다. ex) が, ざ, だ, ま, ら행 자음

② 무성자음(無声子音, voiceless consonant) - 성대의 떨림을 동반하지 않는 자음이다. ex) か, さ, は, ぱ행 자음

5 음운론(音韻論)

음성학이 단어를 구성하는 개개의 음성의 성질을 물리적으로 규명하는 학문이라면, 음운론(音韻論, phonology)은 일본어 단어 구성에 관계하

는 음성이 어떠한 구조(음환경)를 지니며, 나아가 어떠한 음성들이 단어의 의미의 구별을 위해 어떻게 기능하는지를 규명하는 분야이다. 음운론에서는 예를 들어 ん의 음성이 어떠한 조건하에서 /m/, /n/, /N/으로 변화하는지, /p/와 /b/가 어떤 점에서 각각 독립된 음소로 규정이 가능한지, 음소에 악센트나 조소(調素)가 가해져 의미가 어떻게 변화하는지를 다룬다. 음성 기호는 일반적으로 [ ]로 표기하며, 음운 기호는 / /로 표기한다. [ ]에 들어간 음성기호는 실제로 발음할 수 있는 음성 단위라고 한다면, / /에 들어간 음성 기호는 실제 발음을 염두에 두지 않은 추상적인 음성 단위라고 할 수 있다.

5.1 음운론적 단위

大学/daigakɯ/와 退学/taigakɯ/를 비교해보자. 전자와 후자의 차이는 전자의 어두에는 /t/음이, 후자의 어두에는 /d/음이 쓰여졌다는 데에 있다. 즉 /d/와 /t/의 차이에 의해서 의미가 완전히 달라지는 것을 볼 수 있다. 이와 같이 단어의 의미 구별에 관여하는 최소의 음성 단위를 음소(音素, phoneme)라고 한다. 단음은 단어 구성에 관여하는 음성학적 최소 단위이며, 음소는 의미의 구별에 관여하는 음운론적 최소 단위라는 점에서 차이를 보인다. 大学/daigakɯ/와 退学/taigakɯ/에서 유일하게 /d/와 /t/만 다른 것을 볼 수 있는데, 이것을 음운론에서는 미니멀 페어(ミニマル・ペアー) 또는 최소대립(最小対立, minimal contrast)이라고 한다. 이는 /d/와 /t/가 일본어에서 별개의 음소로 설정하는 하나의 근거가 된다. 이러한 근거에 힘입어 일본어에는 모음음소가 5개 /i, e, a, o, u/, 자음음소가 13개 /p, b, t, d, c, k, g, s, z, h, r, m, n/, 반모음 음

소가 2개 /j, w/, 특수음소가 3개, 즉 /N, Q, R/가 각각 개별 음소로 인정된다. /N/은 발음(撥音)을, /Q/는 촉음을, R은 장음을 나타낸다.

大学/daigakɯ/와 退学/taigakɯ/에서 보듯 /d/와 /t/는 동일한 음운론적 환경에서 의미의 대립이 발생하는 경우이다. 이에 반해 동일한 환경에 나타나지도 않고 게다가 의미적 차이도 낳지 않는 변이음(変異音, allophone)이 있다. 이것을 음운론에서는 조건이음(条件異音, conditional allophone)이라고 부른다. 예를 들어 /gakko:/学校(がっこう), /kitte/切手(きって), /zaʃʃi/雑誌(ざっし), /ippai/一杯(いっぱい)에서 보듯 촉음은 제각기 다른 환경 속에서 /k/로, /t/로, /s/로, /p/로 음이 변화하였지만 별개의 음소로 인정되지 않는다. 촉음의 각 이음들은 의미 변화와 관계없이 단순히 그 뒤에 오는 음성에 동화(同化, assimilation)되었을 뿐이다. 촉음의 이음인 /k/는 /k/ 앞에서만 /k/가 되지, /t/, /s/, /p/ 음의 앞에서는 절대로 /k/가 되지 않는다. /t/, /s/, /p/에 대해서도 동종의 설명을 할 수 있는데, 요컨대 각각의 이음들은 다른 음의 영역을 침범하지 않고 특정 이음이 올 수 있도록 상호보완적인 관계를 형성하고 있다. 이러한 분포를 음운론에서는 상보분포(相補分布, complementary distribution)라고 부른다. 한편, 조건이음에 대립되는 자유이음(自由異音, free variant)이라는 것이 있는데, 이것은 동일한 환경에서 이음이 자유롭게 출현할 수 있으며 게다가 의미적으로도 대립하지 않는다는 특징을 지닌다. 예를 들면 カン을 [k'aN] 또는 [k^haN] 어느 쪽으로 발음을 해도 의미의 차이가 발생하지 않는다.

5.2 음절과 박

자음(consonant)을 C로, 모음(vowel)을 V로 표시하면 한국어의 경우, 예를 들어 /talk, 닭/의 음절구조(音節の構造, a structure of the syllable)는 CVCC로 표시할 수 있다. 이와 같이 어말이 자음으로 끝나는 성질을 폐음절성(閉音節性)이라고 하는데, 이러한 폐음절성은 한국어에서 매우 흔한 현상이다. 반면에 일본어에서는 특수음소를 제외하고 어말이 무조건 모음으로 끝난다. 이를 개음절성(開音節性)이라고 한다. 모음은 단독으로 청각적인 경계를 이룰 수 있으므로 음절로 인정된다. 자음의 경우는 단독으로는 청각적인 경계를 이룰 수 없으므로, 반드시 모음과 결합함으로써 음절로 인정을 받을 수 있다. 예를 들어 さかな(魚)는 さ/か/な로 3음절, だいがく(大学)는 だ/い/が/く로 4음절이다. 한편 촉음(促音), 장음(長音), 발음(撥音)은 자음과 같이 음절로 인정되지 않는다. 예를 들어 촉음이 들어간 けっせき(欠席)는 けっ/せ/き로 3음절이 된다. 장음이 들어간 きょうと(京都)는 きょう/と로 2음절이다. 요음이 들어간 きょ는 1음절이다. 또한 발음이 들어간 かんこくご(韓国語)는 かん/こ/く/ご로 4음절이다.

일본어 단어를 구성하는 모든 히라가나(가타가나)는 동일한 시간적 길이로 발음된다. 예를 들어 하나의 가나에 1초의 시간을 배정하여 발음한다고 한다면 さかな(魚)는 さ(1초)/か(1초)/な(1초)로 시간을 균등하게 배정하여 발음을 해야 한다. さ(1초)/か(0.5초)/な(1.5초)는 용납이 되지 않는다. 이와 같이 단어를 구성하는 가나 하나하나의 글자가 동일한 시간적 길이로 발음되는 성질을 등시성(等時性, isochronous)이라고 하며, 이러한 등시성을 지니는 가나음의 단위를 박(拍, mora)이라고 한다. 촉음(促音), 장음(長音), 발음(撥音)은 박으로 인정된다. 따라서 おばあさん은 각 가나 발음 길이를 1초로 하면 お(1초)/ば(1초)/あ(1초)/さ(1초)/ん(1초)와 같이 가나 하나하나를 동일한 시간적 길이로 발음을 해야 한다. 요음이 들어간 가나, 예를 들어 きょ는 1박, 1음절이다.

〈표〉 단어의 음절과 박

さかな	3음절 3박	だいがく	4음절 4박
けっせき	3음절 4박	きょうと	2음절 3박
かんこくご	4음절 5박	カンニング	3음절 5박

5.3 악센트와 인토네이션

같은 가나로 표기되는 단어임에도 불구하고 발음될 때, 음의 높낮이가 다른 경우가 있다. 예를 들어 도쿄 방언에서 雨의 뜻을 지니는 あめ는 あ부분을 높게, め부분은 낮게 발음한다. 반대로 飴의 뜻을 지니는 あめ는 あ부분은 낮게 め부분은 높게 발음한다. 즉 음의 높낮이에 의해서 의미가 구별되는 것을 볼 수 있는데, 이와 같이 의미의 구별에 관여하는 음의 높낮이 단위를 조소(調素, toneme)라고 한다.[4] 그리고 조소가 존재하는 음의 높낮이를 고저악센트(高さアクセント)라고 한다. 고저 악센트 표시로 ●○표시가 많이 사용된다. ●표시는 '고(高)'를, ○표시는 '저(低)'를 나타낸다. 일본어 단어는 평판식과 기복식으로 나뉜다. 평판식은 평판형(平板型, 무악센트형의 단어) 하나밖에 없다.

4) 한국의 경상도를 예로 들면, 경상도에서는 경비(警備)를 미고형(○●)으로 발음한다. 반면에 경비(經費)는 두고형(●○)으로 발음한다. 또한 경상도에서는 e^{e}(●의 ●승), e^{2}(●의 ○승), 2^{e}(○의 ●승), 2^{2}(○의 ○승)으로 악센트가 다르다. 모래(●○)와 모레(●●)도 다른 악센트로 발음한다.

기복식은 두고형(頭高型, 머리 부분이 높게 발음되는 형), 중고형(中高型, 중간 부분의 가나가 높게 발음되는 형), 미고형(尾高型, 꼬리 부분의 단어가 높게 발음되는 형)으로 나뉜다. 따라서 ●○표시는 기복식에 해당하는 단어의 악센트를 표시하는 데에 쓰인다. 예를 들어 いのち(●○○)는 두고형, こころ(○●○)는 중고형, はな(○●)는 미고형이다. 그러나 악센트 유형은 지역마다 다르게 나타나기도 한다. 이것을 악센트의 지역차(アクセントの地域差)라고 한다. 예를 들어 牛(うし)를 도쿄(東京)에서는 ○●, 교토(京都) 에서는 ●●, 가고시마(鹿児島)에서는 ●○로 지역마다 악센트에 차이를 보인다.

한편 악센트가 단어를 구성하는 음들의 높낮이라고 한다면, 인토네이션은 문장(sentence)을 구성하는 단어들의 높낮이라고 할 수 있다. 예를 들어 あかいさかながいます라는 문장을 일본인들은 이 문장 전체를 일정한 톤으로 밋밋하게 읽지 않는다. 단어마다 각각 높낮이를 다르게 해서 읽을 것이다. 또한 あ, そうですか에서 문말을 올리느냐, 문두를 올리고 문말을 낮추느냐에 따라서 그 의미가 달라진다.

6 요약

음성기관을 통제해서 의미를 전달하는 소리를 음성이라고 한다. 음성학은 음성을 연구하는 분야이다. 음성학에서는 인간이 발화하는 언어 음성의 성질이나 특징을 연구한다. 음성은 [ ] 속에 알파벳 기호를 기입하는 방식으로 표기한다. 음성학은 조음음성학, 음향음성학, 청각음성학으로 나뉜다. 호흡에는 날숨과 들숨이 있는데, 음성은 바로 날숨을 통해서 나오게 된다. 음성 하나하나를 단음이라고 하며, 청각적인 경계를 지니는 음절이 있다. 단음은 구강 내의 날숨에 가해지는 방해의 정도에 따라 모음과 자음으로 나뉜다. 성대가 떨리느냐, 혹은 떨리지 않느냐에 따라 유성음과 무성음으로 나뉜다.

모음이 발음에 관여하는 혀의 위치가 높으냐 낮으냐에 따라 모음은 협모음, 광모음으로 나뉜다. 모음의 발음에 혀의 어느 부위가 관여하느냐에 따라 모음은 전설모음, 중설모음, 후설모음으로 나뉜다. 입술 모양이 둥그냐 또는 둥글지 않느냐에 따라 모음은 원순모음과 비원순모음으로 나뉜다. 자음은 조음점, 조음법, 성대의 떨림 유무에 따라 분류된다. 조음점을 기준으로 하면 자음은 양순음, 치경음, 치경경구개음, 경구개음, 연구개음, 구개수음, 성문음으로 나뉜다. 조음법을 기준으로 하면 자음은 파열음, 마찰음, 파찰음, 탄설음, 비음으로 나뉜다. 성대의 떨림 유무를 기준으로 하면 자음은 유성자음과 무성자음으로 나뉜다.

음운론은 음성의 단위를 추출하고 그 체계를 규명하는 분야이다. 음성 기호는 [ ]에, 음운 기호는 / /에 알파벳 소문자를 기입하는 방식으로 표기한다. 단어의 의미를 구별하는 음성의 최소단위를 음소라고 한다. 변이음에는 조건변이음과 자유이음이 있다. 조건변이음에는 동화와 상보분포의 개념이 내포되어 있다. 일본어는 개음절성의 언어이며, 단어를 구성하는 히라가나(가타가나)는 모두 등시성의 원리에 의해 동일한 시간을 배분하는 방식(박, mora)으로 발음된다. 일본어는 고저악센트 언어이며, 고저악센트는 평판식과 기복식으로 나뉜다. 평판식에는 평판형 하나만 있으며, 기복식은 두고형, 중고형, 미고형으로 나뉜다.

악센트 유형은 지역마다 차이를 보인다. 인토네이션은 문장을 구성하는 단어들의 높낮이를 관장한다.

제2장의 참고문헌

가와카미 신(川上蓁, 1992)『日本語音声概説』桜楓社, pp.1-122.

가토 아키히코 편(加藤彰彦編, 1990)「第2章 音声」『日本語概説』桜楓社, pp.23-63.

국제교류기금(国際交流基金, 2009)『音声を教える』ひつじ書房, pp.2-171.

기타하라 야스오 편자(北原保雄 編者, 1996)「第二章 音声・音韻」『概説日本語』朝倉書店, pp.15-36.

김공칠(金公七, 1994)「제2장 音韻」『日語学概論』時事日本語社, pp.19-70.

다카미자와 하지메 감수(高見沢孟 監修, 2004)「第2章 日本語の音声」『日本語教育1』語文学社, pp.23-44.

마치다켄(町田健)・모미야마요스케(籾山洋介, 1995)「第2章音韻論」『よくわかる言語学入門』バベル・プレス, pp.21-42.

마쓰자키 히로시(松崎寛)・가와노 도시유키(河野俊之, 1998)『よくわかる音声』アルク, pp.3-197.

마쓰자키 히로시(松崎寛)・가와노 도시유키(河野俊之, 2015)『日本語教育能力検定試験に合格するための音声23』アルク, pp.4-225.

민광준(2008)『일본어 음성학 입문』건국대학교 출판부, pp.5-272.

스즈키 가즈히코 감수(鈴木一彦 監修, 2007)「第2章 音声・音韻」『概説日本語学』明治書院, pp.21-63

시미즈 요시아키(清水義昭, 2002)「第2章 音声・音韻」『概説日本語学・日本語教育』おうふう, pp.17-31.

시바타 다케시 외(柴田武外, 1956)『発声と発音』宝文館, pp. 3-239.

오기노 쓰나오(荻野綱男, 2007)「各論-音声と音韻」『現代日本語学入門』明治書院, pp.24-40.

오니시 마사오(大西雅雄, 1931)『国語の発音』大学書林, pp.1-114.

윤상실・윤호숙・황광길(2004)「제2장 음성 음운」『일본어학의 이해』J&C, pp.21-60.

이마다 시게코(今田滋子, 1992)『発音』国際交流基金, pp.2-207.

이케다 유코(池田悠子, 2008)『音韻/音声』国際日本語研修協会, pp.1-111.

이향란(2010)「7 音声・音韻論」『일본어학개론』어문학사, pp.201-245.

전성용(2003)「제2장 일본어의 발음」『일어학개론』J&C, pp.31-67.
정현혁(2012)「제3장 일본어의 음성, 음운, 음률」『일본어학의 이해』 인문사, pp.41-63.
천호재(2013)「제3장 언어와 음성 -음성학」『언어의 이해』 어문학사, pp.44-68.
후루타 도사쿠(古田東朔, 1987)「第2章 音韻」『新日本語概説』くろしお出版, pp.19-34.
후루타 도사쿠(古田東朔, 1994)「5-日本語の音声」『改訂版 日本語学概論』 放送大学教育振興会, pp.53-63.

제3장

〈제3장의 키워드〉

1 문자의 성립

2 일본어 문자의 특징

3 일본어의 정서법

3.1 한자와 가나 관련 정서법

3.2 가나 표기 관련 정서법

3.3 외래어 관련 정서법

3.4 로마자 관련 정서법

4 요약

제3장의 참고문헌

제3장

일본어의 문자와 표기

〈제3장의 키워드〉

그림문자(絵文字, えもじ), 표의문자(表意文字, ひょういもじ), 음소문자(音素文字, おんそもじ), 음절문자(音節文字, おんせつもじ), 성해문자(聖骸文字, せいがいもじ), 표음문자(表音文字, ひょうおんもじ), 한자(漢字, かんじ), 만엽문자(万葉文字, まんようもじ), 변체가나(変体仮名, へんたいがな), 히라가나(平仮名), 가타가나(片仮名), 산용숫자(算用数字, さんようすうじ), 로마자(ローマ字), 정서법(正書法, せいしょほう), 상용한자(常用漢字, じょうようかんじ), 상용한자표(常用漢字表, じょうようかんじひょう), 오쿠리가나(送り仮名), 오쿠리가나 다는 법(送り仮名のつけ方), 정가가나사용(定家仮名遣い, ていけかなづかい), 가마쿠라시대(鎌倉時代, かまくらじだい), 하관집(下官集, げかんしゅう), 역사적가나사용법(歴史的仮名遣い, れきしてきかなづかい(契沖仮名遣い, けいちゅうかなづかい)), 헤이안시대(平安時代), 일본어문자정람초(和字正濫鈔, わじしょうらんしょう), 현대가나사용법(現代仮名遣い, げんだいかなづかい), 표음주의(表音主義, ひょうおんしゅぎ), 외래어(外来語, がいらいご), 가나사용법(仮名使い, かなづかい), 로마자표기(ローマ字表記, ローマじひょうき), 로마자 철자법(ローマ字のつづり方), 헤본식(ヘボン式), 일본식(日本式, にほんしき), 훈령식(訓令式, くんれいしき)

1 문자의 성립

지구상에 존재하는 대부분의 언어는 문자를 지닌다. 지극히 상식적인 선에서 판단을 할 때, 인간이 지구상에 나타나자마자 문자를 발명했다고는 생각되지 않는다. 자신과 타인의 의견이나 생각을 기록하고자 하는 각고의 노력을 통해 문자가 발명되었을 것이다.

지구상에 존재하는 문자의 특징을 개략적으로 언급하면 그림문자, 표의문자, 표음문자 등으로 분류할 수 있다.

우선, 그림문자(絵文字, pictograph)이다. 이 문자는 자신의 의지나 정보를 그림이나 도식적인 기호로 타인에게 전달하고자 만들어진 문자이다. 예를 들면 미스텍(Mixtec) 부족, 아메리카 인디언, 에스키모인, 시베리아인의 그림문자 등을 들 수 있다. 한자(漢字) 중에도 日, 月, 川과 같이 처음에는 그림이었다가 문자로 단순화된 것이 있다.

둘째, 표의문자(表意文字, ideogram)이다. 이 문자는 대상의 의미(관념)를 형태(그림)으로 변환하여 나타낸 문자이다. 각 문자마다 의미가 있기 때문에 특정한 문자를 한 번 보는 것만으로 그 의미하는 바를 바로 이해할 수 있다. 예를 들어 '양서류' 라는 단어를 한글로 처음 접하면 그 의미하는 바를 알기 어려우나, 이를 한자 兩棲類로 표기하면 처음 보는 단어라도 그 뜻을 얼추 이해할 수 있다. 중국의 한자를 비롯하여 고대 이집트의 성해문자(聖骸文字, hieroglyph)가 전형적인 표의문자에 해당한다. 그런데 성해문자는 그 후 표음문자로서의 성격이 더 강해져 갔다. 저자는 개강 초에 문자의 위대성을 알리기 위한 일환으로 아래에서 보듯, 수강생들에게 고대 이집트 성해문자로 일본어 메시지를 전달하였다(집중력이 떨어져 의미가 부정확한 문자를 사용한 점을 양해바란다.). 18세기에 프랑스의 언어학자인 샹폴리옹이 성해문자를 해독하였는데, 그는 성해문자를 그림으로서가 아니라 소리로 보아야 한다는 사실을 발견하게 되었다. 인터넷에 그 방법이 자세히 소개되어 있으므로 누구라도 인터넷을 조금만 검색하면 그 방법을 알아낼 수 있다. 인터넷을 통해서 아래의 성해문자가 의미하는 바를 알아보길 바란다.

마지막으로 표음문자(表音文字, phonogram)이다. 이것은 의미가 아닌 소리를 나타내는 문자이다. 그런데 표음문자 중에는 하나의 문자로 음소를 나타내는 문자(음소문자, 音素文字)가 있는 반면에, 하나의 문자로 음절을 나타내는 문자(음절문자, 音節文字)가 있다. 한글과 알파벳은 전형적인 음소문자인 반면에 일본어의 히라가나와 가타가나는 전형적인 음절문자이다. 일본어에서는 한자, 히라가나, 가타가나와 같이 표의문자, 표음문자(음절문자)를 모두 채용하고 있으므로 의사소통에 매우 유리한 문자 체계를 지니고 있다고 할 수 있다.

2 일본어 문자의 특징

일반적으로 하나의 언어는 하나의 문자(文字)만을 지니는데, 특이하게도 일본어는 아래의 사진에서 보는 것처럼 한자(漢字), 히라가나(平仮名), 가타가나(片仮名), 알파벳(アルファベッド) 등의 다양한 문자를 병용한다. 사진은 저자가 직접 촬영한 것이다.(2018.08.09.-08.16/東京市, 八王子市)

원래 일본어에는 문자가 존재하지 않았다. 그래서 9세기 이전까지 주로 지배계층에 한하여 한자를 중국에서 수입해서 사용했다. 그러나 고립어를 표기하는 한자(표의문자)를 가지고는 교착어의 특성을 지니는 일본어를 표음적으로 표기하는 데에 많은 제약이 뒤따를 수밖에 없었다. 그 결과, 만엽가나(万葉仮名), 가타가나, 히라가나 등이 만들어지게 되고 오늘날까지 사용되어 오고 있다. 숫자는 원래 한자로 표기되었으나 오늘날에는 산용숫자(아라비아 숫자)가 사용되며, 로마자와 한자, 가나 등이 독립적으로 혹은 혼용되고 있다.

① 한자(漢字): 중국어를 표기하는 문자

② 만엽가나(万葉仮名): 8세기 무렵의 일본어를 한자음을 차용하는 방식으로 표기한 문자이다. ex) 히라가나(가타가나)가 만들어지기 이전에 あ는 安로, い는 以로, ろ는 呂로, は는 波로, て는 天으로 표기하였다. ex) 倶楽部

만엽문자는 현대사회에서도 사용되기도 한다. 예를 들어 えりな(여성명)를 恵里那 식으로 소리 나는 대로 표기한다. 수년 전에 저자는 일본의 오비린 대학에서 천 가방을 하나 받았는데, 사진에서 보듯이 오비린(桜美林)은 설립자의 이름을 따서 지은 대학명인 것으로 보인다. 그 이유는 아래의 설립자명(Oberlin)과 한자 표기음이 거의 유사하기 때문이다.

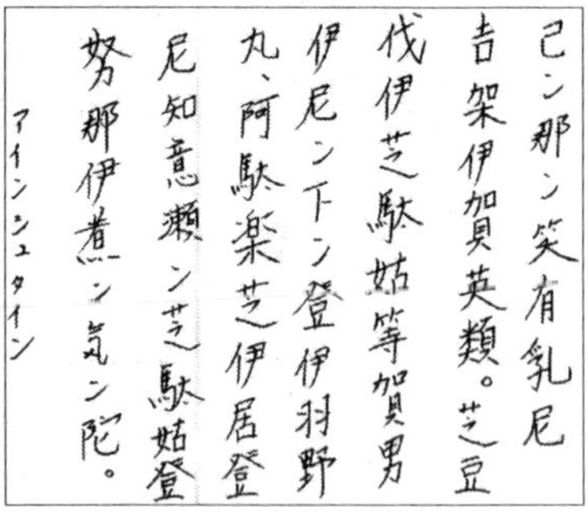

본 저자는 만엽문자에 대한 학생들의 관심을 드높여보고자 하는 취지에서 위의 오른 쪽 그림에서 보듯, 아인쉬타인의 명언을 직접 만엽문자로 표기해서 학습자료실에 올린 적이 있는데(2018년 9월), 독자들도 해독해보길 바란다. 己와 那 다음의 ン은 본 저자가 임의로 넣은 것임을 양

해 바란다.

한편 만엽문자의 서체를 변형한, 히라가나와 모양이 다른 변체가나(変体仮名)라는 것이 있다. 일본 시내를 걸어가다 보면 간간히 변체가나로 표기된 간판을 보게 되는데, 일본인 지인들에게 변체가나를 어떻게 읽는지 물어보니 모두 모른다고 하였다. 하지만 변체가나의 존재는 일본인들이 얼마나 풍요로운 문자생활을 영위하고 있는지를 단적으로 보여 주는 좋은 예라고 할 수 있다. 만엽문자와 마찬가지로 저자는 학생들의 변체가나에 대한 관심을 집중시키기 위해 링컨의 명언을 적어 학습자료실에 올린 적이 있는데(2018년 9월), 만엽가나와 더불어 아직 해독자가 나오지 않았다.

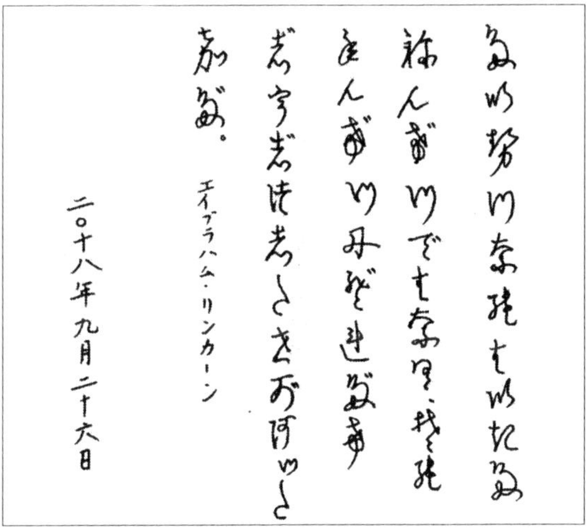

③ 히라가나(平仮名): 만엽문자를 극도로 간략화한 초서체의 문자이다.
ex)安→あ, 加→か, 幾→き, 寸→す

④ 가타가나(片仮名): 만요문자를 극도로 간략화한(일부를 떼낸) 정자

체의 문자이다.

ex)安→ア, 宇→ウ, 於→オ, 久→ク, 世→セ

⑤ 산용숫자(算用数字): 계산이나 순서를 나타내기 위해서 사용되는 문자이다.

ex)한자 숫자(一, 二, 三), 로마자 숫자(Ⅰ, Ⅱ, Ⅲ), 아라비아숫자(1, 2, 3)

⑥ 로마자(ローマ字): 알파벳 문자이다. ex)A, a, B, b, C, c

이상 본 것처럼 다양한 문자가 별도로 사용되는 것처럼 보이지만, 실제로는 다음과 같이 일상 속에서 혼용된다. 한자와 가나가 혼용되는 것을 한자가나혼용(漢字仮名混じり)이라 부른다. 아래의 사진은 저자가 일본 현지(2016년 08.08-08.18 東京都 八王子市 南大沢駅 주변)에서 입수한 슈퍼마켓(Sakagami) 전단지인데 다양한 문자가 혼용되고 있는 것을 볼 수 있다. 제9장에서 상술하도록 하겠다.

-일본의 슈퍼마켓 전단지-

3 일본어의 정서법

3.1 한자와 가나 관련 정서법

제2절에서 제시한 문자를 아무런 제약 없이 무조건 해당 단어음을 표기할 수 없다. 표기에 있어 일정한 규칙을 정해 놓은 정서법(正書法, orthography)이라는 것이 있기 때문이다. 정서법은 특정한 문자 표기에만 적용되지 않는다. 그러면 각 문자의 정서법에 관련된 내용을 살펴보도록 하자.

우선 한자에 관련된 정서법이다. 상용한자(常用漢字)는 일본의 일상에서 사용되는 한자를 말하며, 대략 2,000자 정도이다. 한자 중에는 약자라 하여 한국에서 사용되는 한자체와 다른 것이 있다. 예를 들어 學은 学, 經은 経, 發은 発로 표기한다. 참고로 한국을 비롯하여 홍콩, 대만은 정자체의 한자를 사용한다. 따라서 일본어 교수자는 한국인 일본어 학습자에게 한국과 일본에서 사용되는 한자체의 공통점과 차이점에 대해 면밀히 지도해 둘 필요가 있다. 상용한자표(常用漢字表)는 일상에서 사용되는 약 2,000자의 한자를 표로 나타낸 것이다. 일본의 초 중 고등학교 교실에 항상 부착되어 있다. 상용한자표를 학습자 각자의 핸드폰에 저장하여 틈이 날 때마다 한자 필순과 의미를 익히면 크게 도움이 될 것이다.

둘째, 한자와 가나에 관련된 정서법이 있다. 먼저 오쿠리가나(送り仮名)라는 것이 있는데, 이것은 단어(명사, 동사, 형용사(い형용사)), 부사를 한자와 가나로 병용해서 표기할 경우, 한자를 표기하는 부분과 가나(히라가나)를 표기하는 부분(밑줄)을 규정한 것이다. 예를 들어 後<u>ろ</u>, 正<u>しい</u>, 止<u>まる</u>, 止<u>める</u>, 終<u>える</u>, 終<u>わる</u> 등을 들 수 있다. 그러면 어느 부분을 한자로 표기하고, 어느 부분은 가나를 표기하느냐 하는 문제가 대두되는데, 이것을 규정해 놓은 정서법으로 오쿠리가나 다는 법(送り仮名のつけ方)이라는 것이 있다. 이 정서법은 보다 엄밀히 말하자면 단어 의미를 명확히 하고, 오독(誤読)을 회피하기 위한 것이다. 먼저 용언(동사, 형용사)의 경우, 어간은 한자로 표기하고, 어미는 히라가나로 표기한다. 전형적인 예로 広い, 黄色い, 寒い, 元気だ, 真面目だ, 書く, 飲む 등을 들 수 있다. 또한 오독(誤読)의 우려가 염려될 때는 어미 앞의 히라가나를 추가하여 표기한다. 예를 들어 終る와 같이 어미 부분을 가나로 표기하면 終る는 おわる도, おえる도 될 수 있다. 따라서 어미 앞의 음까지 가나로 표기한다. 즉 終る는 終える, 또는 終わる로, 止る는 止まる, 또는 止める와 같이 표기한다.

3.2 가나 표기 관련 정서법

히라가나와 가타가나로 단어를 표기하는 일정한 규칙을 가나사용법(仮名遣い)이라고 한다. 가나 사용법은 시대에 따라 조금씩 변해 왔다. 즉 현대의 일본사회에서 사용되는 가나사용법은 오늘날 완성된 것이 아니라 시대별로 일정한 조정을 거쳐 지금에 이른 것이라고 할 수 있다. 구체적으로 말하면 정가가나사용법(定家仮名遣い)→역사적가나사용법(歴史的仮名遣い(契沖仮名遣い))→현대가나사용법(現代仮名遣い)의 순서로 오늘날의 가나사용법이 완성된 것이다.

우선 정가가나사용법(定家仮名遣い)이다. 후지와라 데이케(藤原定家)가 가마쿠라시대(鎌倉時代, 1185년-1333년)에 헤이안시대(平安時代) 후기의 문헌을 참고로 해서 제시한 최초의 가나사용법이다. 주로 동음의

가나를 구별하기 위한 규칙을 제시하였는데, 그의 저서 하관집(下官集)에 그 규칙들이 잘 나와 있다. 예를 들면「い」「ひ」「ゐ」/「え」「へ」「ゑ」/「お」「を」의 구별을 위한 기준을 제시하였다.

둘째, 역사적가나사용법(歴史的仮名遣い(=契沖仮名遣い))에 대해 살펴보자. 이것은 승려였던 게이츄(契沖 1640-1701)가 평안시대(平安時代) 초기의 고전을 연구하면서 지녔던 표기의 문제점과 해결책을 당시의 실정에 맞춰 그의 저서인 일본어문자정람초(和字正濫鈔)에 제시한 가나사용법이다. 예를 들어 紫陽花(수국)을 기존의 あつさゐ(あづさゐ)에서 あぢさゐ로 표기하였다.

마지막으로 현대가나사용법(現代仮名遣い)이다. 1986년에 내각에 의해서 고시된 가나사용법이다. 현대의 단어음에 맞는 표음주의(表音主義)를 철저히 표방하였다. 현재 일본사회에서 사용되는 청음, 탁음, 반탁음, 요음, 촉음, 발음, 장음은 모두 현대가나사용법을 따른 것이다. 그러나 현대가나사용법에서 は, へ, を를 각각 わ, え, お로 표기하지 않았다는 점에서 역사적가나사용법이 일부 계승되었다고 할 수 있다.

3.3 외래어 관련 정서법

일본어 발음과 다른 외국어 발음은 동일하지 않기 때문에 다른 언어에 존재하는 단어를 어떠한 방법으로 일본어로 표기하느냐 하는 문제가 대두된다. 외래어(단어, 인명, 지명)는 원칙적으로 가타가나로 표기한다. 외래어는 영어와 유럽어에만 한정되지 않는다. 일본 이외의 국가(중국은 제외)에서 온 단어는 모두 외래어이다. 즉 한국어, 태국어 등의 단어도 외래어이므로 가타가나로 표기한다. 가타가나로 표기되는 외

래어 발음이 원어 발음과는 상당한 차이가 있기 때문에 의미의 명확화를 기하기 위해 ダグラス·マッカ-サ- (Douglas MacArthur)와 같이 원어를 괄호 속에 넣어 가타가나와 원어를 병기하는 방식을 채용하기도 한다. マッカ-サ-에서 보듯 장음은 가로선(-)으로 표기한다. 가타가나로 표기된 일본어 외래어를 원어와 비교하면 외래어에서 개음절화 현상이 두드러지게 나타나는 것을 볼 수 있다. 개음절화 현상이란 cowhide→カウハイド에서 보듯 원어에는 모음이 없지만, 외래어가 되면서 모음이 첨가되는 현상이다. 또한 일본어 외래어에는 ethnic→エスニック에서 보듯 원어에는 없는 촉음 삽입 현상(원어에는 촉음에 해당하는 음이 없지만 외래어에는 촉음이 삽입되는 방식으로 표기되는 현상)도 관찰된다. 또한 일본어 외래어에는 Kelly bag→ケリ-バッグ와 같이 원어의 æ음이 a음으로 표기되는 일본어화 현상이나, paisley→ペイズリ-에서 보듯 원어의 l음이 r음으로 표기되는 자음 통합 현상이 일어나기도 한다. 이와 같이 일본어의 음소 체계에 편입되는 외래어는 더 이상 외국어가 아니라 하나의 엄연한 일본어라고 할 수 있다. 하지만 외래어가 일본어에 완전히 정착하기 위해서는 세 가지 단계를 거쳐야 한다. 첫째는 낯선 단계이다. 즉 외국어라는 느낌을 주는 외래어이다. ケリ-バッグ나 ペイズリ-와 같은 예를 들 수 있다. 둘째는 친숙한 단계이다. 외래어라는 느낌을 주기는 하지만, 일본어로서 친숙한 외래어이다. テレビ, モ-ニング娘 등의 외래어를 들 수 있다. 마지막으로는 완전히 정착한 단계이다. 외래어라는 느낌을 전혀 주지 않는 외래어로 タバコ, カルタ 등을 들 수 있다.

3.4 로마자 관련 정서법

일본어를 알파벳 문자, 즉 로마자로 표기하는 데에도 소위 로마자 철자법(ローマ字のつづり方)이라 하여 몇 가지 정서법이 마련되어 있다. 즉 헤본식(ヘボン式), 일본식(日本式), 훈령식(訓令式)이 있다. 헤본식(ヘボン式)이란 헤본이라는 미국인 선교사가 일영사전(和英辞典)을 편찬하면서 채택한 로마자 정서법을 말한다. 일본어를 로마자로 최대한 충실하게 표기하려고 한 정서법이다. 예를 들어 し→shi, しゃ→sha, しゅ→shu, しょ→sho, ち→chi, つ→tsu, ちゃ→cha, ちゅ→chu, ちょ→cho로 표기하였다. 일본식(日本式)은 외국어(영어)의 영향을 배제하고 일본어의 독자적인 음운 체계에 의거하여 만들어진 로마자 정서법이다. 예를 들면 し→si, しゃ→sya, しゅ→syu, しょ→syo, ち→ti, つ→tu, ちゃ→tya, ちゅ→tyu, ちょ→tyo와 같이 헤본식보다 표기 양상이 덜 엄격한 것을 볼 수 있다. 마지막으로 훈령식(訓令式)이다. 훈령식은 일본식과 헤본식을 혼용하는 방식으로 정서법을 통일하기 위해 만들어진 것이다(1954년에 공포됨). 그러나 좀 더 정확히 말하면 일본식을 개량한 것으로 생각하면 된다.

4 요약

지구상에 존재하는 문자로는 그림문자, 표의문자, 성해문자, 표음문자, 음소문자, 음절문자가 있다. 일본어의 히라가나, 가타가나는 전형적인 음절문자이다. 일본어에는 한자, 히라가나, 가타가나, 알파벳, 산용숫자와 더불어 만엽가나, 변체가나 등의 다양한 문자가 있다. 일본어에는 한자, 한자와 가나 혼용에 관련된 정서법이 있다. 또한 히라가나와 가타가나로 단어를 표기하는 가나사용법이 있다. 현재 사용되는 현대가나사용법은 정가가나사용법→역사적가나사용법을 거쳐 오늘날의 모습으로 정착된 것이다. 외래어 표기에 있어서는 개음절화, 촉음 삽입 등의 정서법이 보이며, 같은 외래어라도 일본어로서 낯선 단계, 친숙한 단계, 완전히 친숙한 단계와 같은 여러 단계가 있다. 로마자 정서법으로는 헤본식, 일본식, 훈령식이 있다.

제3장의 참고문헌

가토 아키히코 편(加藤彰彦編, 1990)「第7章 文字・表記」『日本語概説』桜楓社, pp.215-258.

국립국어연구소(国立国語研究所, 1995)『外来語の形成とその教育』大蔵省印刷局, pp.9-110.

기타하라 야스오 편자(北原保雄 編者, 1996)「第三章 文字・表記」『概説日本語』朝倉書店, pp.37-59.

김공칠(金公七, 1994)「제3장 文字」『日語学概論』時事日本語社, pp.71-105.

다나카 하루미 편집주간(田中春美, 1992)『現代言語学辞典』成美堂, pp.1-930.

다카미자와 하지메 감수(高見沢孟監修, 2004)「第4章 文字・表記」『日本語教育1』語文学社, pp.117-160.

스즈키 가즈히코 감수(鈴木一彦 監修, 2007)「第3章 文字・表記」『概説日本語学』明治書院, pp.65-106.

스즈키 쥰코(鈴木順子)・이시다 도시코(石田敏子, 1988)『表記法』荒竹出版, pp.1-208.

시미즈 요시아키(清水義昭, 2002)「第5章 文字・表記」『概説日本語学・日本語教育』おうふう, pp.60-68.

오기노 쓰나오(荻野綱男, 2007)「各論 文字と表記」『現代日本語学入門』明治書院, pp.112-128.

윤상실・윤호숙・황광길(2004)「제3장 문자 표기」『일본어학의 이해』J&C, pp.63-85.

이향란(2010)「1 한국어와 일본어의 차이점 02 문자」『일본어학개론』어문학사, pp.19-20.

전성용(2003)「제1장 일본어의 표기」『일어학개론』J&C, pp.13-27.

정현혁(2012)「제4장 일본어의 문자와 표기」『일본어학의 이해』인문사, pp.65-116.

진노우치 마사다카(陣内正敬, 2007)『外来語の社会言語学』世界思想社, pp.3-182.

천호재(2013)「제10장 언어와 문자-문자론」『언어의 이해』인문사, pp.185-199.

천호재(2014a)「일본어 외래어의 사회언어학적 연구」『日本文化研究』50, 동아시아일본학회, pp.347-367.

천호재(2014b)「15 외래어의 사회언어학적 이해」『일본문화의 이해와 일본어교육』역락, pp.291-333.

후루타 도사쿠(古田東朔, 1987)「第3章 文字」『新日本語概説』くろしお出版, pp.35-50.
후루타 도사쿠(古田東朔, 1994)「7.日本語の文字 - 漢字と仮名」『改訂版 日本語学概論』放送大学教育振興会, pp.77-92.
후루타 도사쿠(古田東朔, 1994)「8.日本語の表記」『改訂版 日本語学概論』放送大学教育振興会, pp.93-106.
コトバンク: 日本式ローマ字綴り, https://kotobank.jp/word 검색일-2018.09.11.
Wikipedia: 外来語表記法, https://ja.wikipedia.org 검색일-2018.09.11.

제4장

〈제4장의 키워드〉

1 어휘의 층위
2 어휘의 체계
3 어휘의 출신-어종(語種)
4 한어 읽기
5 단어의 내부구조
6 복합어의 내부구조
7 단어 간의 의미
8 단어의 결합-연어와 관용구
9 어휘의 사용률과 사용 범위
10 어휘와 사회
11 요약
제4장의 참고문헌

제4장

일본어의 어휘

〈제4장의 키워드〉

어휘(語彙, ごい), 색채어휘(色彩語彙, しきさいごい), 친족어휘(親族語彙, しんぞくごい), 문법어휘(文法語彙, ぶんぽうごい), 어휘의 체계(語彙の体系, ごいのたいけい), 어종(語種, ごしゅ), 순수 일본어(和語, わご), 한어(漢語, かんご), 일제 영어(和製英語, わせいかんご), 외래어(外来語, がいらいご), 혼종어(混種語, こんしゅご), 훈독(訓読, くんよみ), 음독(音読, おんよみ), 단어구성론(語構成論, ごこうせいろん), 단순어(単純語, たんじゅんご), 합성어(合成語, ごうせいご), 복합어(複合語, ふくごうご), 첩어(畳語, じょうご), 파생어(派生語, はせいご), 접두사(接頭辞, せっとうじ), 접미사(接尾辞, せつびじ), 복합명사(複合名詞, ふくごうめいし), 복합동사(複合動詞, ふくごうどうし), 복합형용사(複合形容詞, ふくごうけいようし), 복합형용동사(複合形容動詞, ふくごうけいようどうし), 복합부사(複合副詞, ふくごうふくし), 단의어(単議語, たんぎご), 다의어(多義語, たぎご), 동의어(同義語, どうぎご), 유의어(類義語, るいぎご), 대의어(対義語, たいぎご), 연어(連語, れんご), 관용구(慣用句, かんようく), 어휘조사(語彙調査, ごいちょうさ), 총어휘수(述べ語数, のべごすう), 개별어휘수(異なり語数, ことなりごすう), 사용률(使用率, しようりつ), 이해어휘(理解語彙, りかいごい), 사용어휘(使用語彙, しようごい), 기본어휘(基本語彙, きほんごい), 기초어휘(基礎語彙, きそごい)

1 어휘의 층위

일상에서의 발화(문장 층위)는 단어의 나열로 실현된다. 그리고 복수의 단음이 결합하여 단어가 성립한다. 예를 들어 学生는 [g][a][k][u][s][e][i]라는 각각의 단음이 결합하여 비로소 하나의 단어로 성립된 것인데 이러한 하나하나의 단음은 그 규모로 볼 때, 가장 미시적인 층위로 볼 수 있다(편의상 단음의 세계를 1차원의 세계라고 하자.). 단음 하나하나는 특정 단음 뒤에 혹은 앞에 위치할 뿐이다. 단음들의 배열은 단음의 층위에서는 완전히 임의적이지만, 그것보다 높은 층위에서 보면 단음들의 배열은 学生라는 의미를 나타내기 위한 필연적 배열이라고 할 수 있다. 그러나 어휘의 층위에서는 단음은 더 이상 주목을 받지 못한다. 그보다는 단어들이 다른 단어들과 특정한 의미관계를 형성하는 양상에 더 많은 주의를 보인다.

2 어휘의 체계

私は昨日学校へ行きませんでした에서 보듯, 단어가 결합하여 하나의 문장(sentence)이 된다. 私의 자리에는 あなた, 彼, 田中さん, 先生와 같은 다양한 단어들이 들어갈 수 있으며, 시간을 나타내는 단어에도 一昨日, 去年, 先週와 같이 수많은 단어들이 들어갈 수 있다. 단어들 간의 관계에 주목하면, 단어들은 저마다 독자적인 의미를 지니는 한편으로, 서로 의미가 유사한 것, 의미가 반대되는 것, 의미적으로 연결되는 것 등, 다양한 의미관계를 지닌다. 일본 원어민이 구사하

는 단어 수가 대략 40,000 - 50,000개 정도로 알려져 있는데, 일본 원어민의 머릿속에 들어 있는 단어(語)들이 고립된 존재가 아니라 의미적으로 뭔가의 방식으로 연결되어 있다고 생각해보자. 이렇게 생각하면 어휘(語彙, lexicon)라는 개념이 대두된다. 예를 들어 学生는 분명 독립적인 존재이지만, 学生는 生徒 - 教師 - 学校 - 校長 - 教室 - 通学 - 自習 등의 단어와 개념적으로 연결되는 것으로도 생각해 볼 수 있다. 연결을 고려하면 비로소 学生의 독자적 의미가 부각된다. 이와 같이 学生를 生徒 - 教師 - 学校 - 校長 - 教室 - 通学 - 自習 등의 단어와 연결지어 집합화한 것을 어휘(語彙, lexicon)라고 한다. 学生 - 生徒 - 教師 - 学校 - 校長 - 教室 - 通学 - 自習는 복수의 단어가 유기적으로 집합화된 일종의 학교어휘(学校語彙)라 할 수 있겠다. 그 밖에도 색채어휘(色彩語彙, 赤 - 白 - 黄色 - 黒), 친족어휘(親族語彙, 父 - 母 - 兄 - 姉 - 妹 - 弟), 문법어휘(文法語彙, 主語 - 目的語 - 助動詞 - 助詞) 등과 같이 특정한 목적에 따라 어휘를 다양하게 체계화할 수 있다. 이를 어휘의 체계(語彙の体系)라고 한다.

3 어휘의 출신 - 어종(語種)

사람들의 출신이 제각기 다른 것처럼 어휘라는 집합체를 구현하는 단어도 제각기 다른 출신지를 지닌다. 이때, 필연적으로 대두되는 개념으로 어종(語種)을 들 수 있다. 어종이란 단어의 출신을 말한다. 일본어 단어를 어종으로 분류하면 순수 일본어(和語), 한어(漢語), 외래어(外来語), 혼종어(混種語)로 나뉜다.

먼저 순수 일본어(和語)는 순수하게 일본에서 탄생한 고유의 어휘를 말한다. 순수 일본어는 한자, 히라가나, 한자와 히라가나를 혼용하는 방식으로 표기된다. 言う, 書く, 寒い, 魚, 花見, 鯉のぼり, 受け入れる, 夢, かなう, 裏切, 真面目 등과 같은 예를 들 수 있다.

둘째, 한어(漢語)는 중국에서 한자와 함께 받아들인 어휘를 말한다. 예를 들면 言語(げんご), 食堂(しょくどう), 今月(こんげつ), 昭和(しょうわ), 莫大(ばくだい), 大正(たいしょう), 美男(びなん), 明治(めいじ), 内外(ないがい), 凡人(ボンジン), 越境(えっきょう), 反逆(はんぎゃく) 등이 그 예이다. 일본인이 조어한 한어도 있는데 이것을 일제한어(和製漢語)라고 한다. 일제한어의 예로 教会, 哲学, 経済, 教育, 語彙, 職業訓練, 会社, 国立国語研究所, 社会, 化粧品, 科学, 郵便, 野球, 意識, 右翼, 運動, 階級, 共産主義, 共和, 左翼, 失恋, 進化, 接吻, 唯物論 등을 들 수 있다.

셋째, 외래어(外来語)이다. 이것은 중국 이외의 나라에서 수입된 어휘를 말한다. 포르투갈어, 네덜란드어, 영어, 스페인어, 독일어, 한국어 등 다양한 나라의 어휘를 일본어화한 것이다. 가타가나로 표기하는 것이 원칙이다. ビビンパ, バイト, ヨーグルト, ジュース, ゼリー, カタログ, カンニング, サンドイッチ 등의 예를 들 수 있다. 일제한어가 있는 것처럼 일제영어(和製英語)도 있다. 예를 들면 アウトコース, インコース, オートバイ, オフィスレディー, ガードマン, ガソリンスタンド, キャンペーンガール, ゴールデンウィーク, ゴールデンタイム, コンセント 등의 예가 그것이다.

마지막으로 혼종어(混種語)이다. 이것은 순수 일본어(和語), 한어(漢

語), 외래어(外来語) 등이 섞여 만들어진 어휘를 말한다. 예를 들면 洞爺湖トマト는 한어와 외래어가 혼합되어 만들어진 혼종어이다. 熊五郎冷やし中華는 한어+순수 일본어+한어로 된 혼종어이다. ひらかりんごジュ-ス는 순수 일본어+외래어로 된 혼종어이며, 新宿ホテル는 한어+외래어로 된 혼종어이다.

4 한어 읽기

이 절에서는 잠시 한어 읽기에 대해 생각해 보고자 한다. 일본어의 한어는 음 또는 훈으로, 또는 음(훈)과 훈(음)이 어우러져 그 읽기에 있어 복잡한 양상을 보인다. 한자로 표기되어 있기 때문에 얼핏 한어인 것처럼 보이지만, 한자로 표기된 단어에는 순수 일본어와 한어가 혼재되어 있다. 즉 한자로 표기된 단어 중에 혼종어가 존재하는 셈이다. 이 점은 한국어 화자의 입장에서 보면 매우 특이한 현상이라고 할 수 있으며, 한편으로 한자 학습 장애를 초래하는 요인이 되기도 한다. 음은 중국어 음에 최대한 근접해서 읽는 것을 말하며, 훈은 순수 일본어 음으로 읽는 것을 말한다. 예를 들어 人을 훈으로 읽으면 ひと(사람)가 되고, 음으로 읽으면 にん 또는 じん이 된다. 순수 일본어음으로 읽는 것을 훈독(訓読)이라 하며, 중국어음으로 읽으면 음독(音読)이라고 한다. 2자 한어에 적용되는 음독과 훈독을 논리적으로 조합하면 다음과 같은 네 가지로 분류할 수 있다.

① 음+음 읽기(音読+音読): 2자 한어를 각각 음독하는 경우이다.

ex)伊藤(いとう), 佐藤(さとう), 斎藤(さいとう), 遠藤(えんどう), 久保(くぼ), 庄司(しょうじ), 曾我(そが), 南部(なんぶ), 毛利(もり), 那須(なす)

② 음+훈 읽기(音読+訓読, 重箱読み라고도 한다): 2자 한어를 각각 음독, 훈독

ex)清水(しみず), 多田(ほんだ), 二宮(にのみや), 紺野(こんの), 安部(あべ), 土居(どい), 久野(くの), 加瀬(かせ), 本田(ほんだ), 福山(ふくやま), 経木(キョウぎ), 金星(きんぼし), 工場(こうば), 残高(ざんだか), 桟橋(さんばし), 新顔(しんがお), 雑木(ぞうき), 台所(だいどころ), 反物(たんもの), 団子(たんご)

③ 훈+음 읽기(訓読+音読, 湯桶読み라고도 한다): 2자 한어를 각각 훈독, 음독

ex)宮地(みやじ), 有馬(ありま), 岩佐(いわさ), 有賀(ありが), 丹羽(にわ), 平賀(ひらが), 野呂(のろ), 朝晩(あさばん), 梅酒(うめしゅ, 株券(かぶけん), 敷金(しききん), 甘食(あましょく), 雨具(あまぐ), 高台(たかだい), 白菊(しらぎく), 鶏肉(とりにく), 遅番(おそばん), 手数(てすう), 雷竜(かみなりりゅう), 手帳(てちょう)

④ 훈+훈 읽기(訓読+訓読): 2자 한어를 각각 훈독, 훈독하는 경우이다.

ex)読売(よみうり), 山本(やまもと), 中村(なかむら), 石井(いしい), 三浦(みうら), 金子(かねこ), 坂本(さかもと), 中野(なかの), 小林(こばやし), 山下(やました)

이와 같이 일본어 한어를 읽음에 있어 4가지 방식이 존재하는 것을

늘 염두에 두고 한자 학습을 행할 필요가 있다.

5 단어의 내부구조

단어의 내부구조를 면밀히 관찰하면 단어가 어떻게 만들어졌는지, 또는 어떤 구조를 취하는지를 알 수 있는데, 단어의 내부구조상의 특징을 해명하는 분야를 단어 구성론(語構成論, word formation theory)이라고 한다. 단어는 단순어(単純語, simplex)와 합성어(合成語, complex)로 나뉘며, 합성어는 또한 복합어(複合語, compound word), 파생어(派生語, derivative word), 첩어(畳語, syllable repetition)로 세분화된다. 이것 역시 어휘가 체계(体系)를 이루고 있다는 커다란 증거라고 할 수 있다.

우선 단순어(単純語, simplex)는 의미를 나타내는 핵심 부분(어기, 語基)이 한 개로만 구성된 단어들이다. 男, 女, 机, 人, 心, 魚, 本, 箱, 匂い, 体, 涙, 愛, 憎しみ 등의 예를 들 수 있다. 복합어(複合語, compound)는 어기가 두 개로 구성된 단어들이다. 親心, 女坂, 食い逃げ, 泣き出す, 象形文字, 新年会, 猿芝居, 世渡り, 盆踊り 등의 예를 들 수 있다. 셋째, 첩어(畳語, syllable repetition)는 동일한 어기가 결합한 단어들이다. 人々, 時々, のびのび, 生き生き, ひろびろ, まだまだ 등의 예를 들 수 있다. 마지막으로 파생어(派生語, derivative word)는 어기에 접두사(接頭辞, prefix)와 접미사(接尾辞, suffix)가 결합한 단어들이다. 不安定, 未成熟, 大通り, お茶, ノンストップ, 反体制 등은 접두사와 어기가 결합한 단어들이며, 体温計, 田中君, 伊藤さん은 어기에 접미사가 결합한 단어들이다. 이와 같이 단순어, 복합어, 파생어, 첩어라

는 개념으로 어휘의 체계화가 가능하다.

6 복합어의 내부구조

복합어를 좀 더 살펴보도록 하자. 복합어에는 복합명사(複合名詞: 手足, 立ち食い, 近道), 복합동사(複合動詞: 名づける, 起き上がる), 복합형용사(複合形容詞: 奥深い, 生暖かい), 복합형용동사(複合形容動詞: 気楽, 声高), 복합부사(複合副詞: 心もち)가 있다. 복합명사 중에는 명사(N)+명사(N)형의 어례가 가장 많은데, 이하 명사(N)+명사(N)형의 전항명사(A)와 후항명사(B)의 통사적 관계를 살펴보고자 한다.

명사+명사형 복합명사의 문법적 특징으로 먼저 전항요소가 후항요소의 일부인 경우를 들 수 있다. 예를 들어 父親, 雄鶏, かざり物, 象形文字 등을 들 수 있다. 부친(父親)의 부(父)는 부모의 일부이다. 수탉(雄鶏)은 암탉과 수탉의 상위개념인 닭의 일부이다. 장식물(かざり物)은 세상에 존재하는 많은 사물 중의 하나이다. 상형문자(象形文字)는 전 세계의 언어가 지니는 다양한 문자 중의 하나이다.

둘째, 전항요소와 후항요소가 가리키는 범위가 다른 경우를 들 수 있다. 예를 들면 うずらまめ, 歌姫, 鬼瓦, 花吹雪, 舌鼓 등이 그 예이다. 넝쿨강낭콩(うずらまめ)의 전항요소 うずら는 메추리알이고 후항요소 まめ는 콩으로 지시 범위가 전혀 다르다. 歌姫(가희)의 경우, 전항요소 歌는 노래를 가리킨다. 반면에 후항요소 姫는 고귀한 신분의 여성을 가리키므로 지시 범위가 전혀 다르다. 鬼瓦(도깨비기와), 花吹雪(꽃보라), 舌鼓(입맛을 다심)의 경우도 전항요소와 후항요소가 서로 다

른 범위를 지시하고 있는 것을 알 수 있다.

셋째, 전항요소가 후항요소의 주체인 경우에도 복합명사가 성립한다. 예를 들어 学級崩壊, 学歴低下, 企業合併 등을 들 수 있다. 学級崩壊는 学級が崩壊する(학급이 붕괴하다), 学力低下는 学力が低下する(학력이 저하하다), 企業合併는 企業が合併する(기업이 합병하다)에서 보듯 전항요소가 후항요소의 주어, 즉 주체임을 알 수 있다.

넷째, 전항요소가 후항요소의 대상, 즉 목적어인 경우에도 복합명사가 성립한다. 대표적인 예로 大学受験, 教育改革, 環境破壊 등을 들 수 있다. 大学受験은 大学を受験する(대학시험을 치다), 教育改革은 教育を改革する(교육을 개혁하다), 環境破壊는 環境を破壊する(환경을 파괴하다)와 같이 전항요소가 ヲ격을 취하면서 목적어의 역할을 하고 있는 것을 볼 수 있다.

다섯째, 전항요소가 후항요소를 하기 위한 도구 및 수단인 경우에도 복합명사가 성립한다. 대표적인 예로 電話連絡, インターネット販売, 電子取引 등을 들 수 있다. 電話連絡는 電話で連絡する, インターネット販売는 インターネットで販売する, 電子取引는 電子で取引する에서 보듯 전항요소가 도구격, 즉 デ격 명사임을 알 수 있다.

여섯째, 전항요소가 후항요소의 재료인 경우에도 복합명사가 성립하는 것을 볼 수 있다. 예를 들어 竹笛, 紙袋, 金づち 등을 들 수 있다. 竹笛, 紙袋, 金づち에서 전항요소 竹, 紙, 金는 후항요소 피리(笛), 봉투(袋), 망치(つち)의 재료이다.

일곱 번째, 전항요소가 후항요소의 원인 및 이유인 경우에도 복합명

사가 성립한다. 예를 들어 事故死, 麻薬中毒, ガンノイロ-ゼ를 보면 事故死는 사고로 사망하는 것을 말하며, 麻薬中毒는 마약이 원인이 되어 중독이 된 것을 말한다. ガンノイロ-ゼ는 암이 원인이 되어 노이로제를 일으키는 것을 말한다.

여덟 번째, 전항요소가 후항요소의 장소를 나타내는 경우에도 복합명사가 성립한다. 예를 들어 山道, 海蛇, 裏長屋 등을 들 수 있다. 山道는 전항요소, 즉 산에 난 길, 海蛇는 전항요소인 바다에 사는 뱀을, 裏長屋는 뒷골목에 위치한 연립주택을 일컫는다.

아홉 번째, 전항요소가 후항요소의 시간(시점)을 나타내는 경우에도 복합명사가 성립한다. 예를 들어 春風, 朝ごはん, 新年会 등을 들 수 있다. 春風는 봄이라는 시점에 부는 바람을, 朝ごはん은 아침이라는 시점에 먹는 밥을, 新年会는 새해라는 시점에 가지는 모임을 각각 일컫는다.

마지막으로 후항요소가 전항요소의 성질을 지니는 경우에도 복합명사가 성립한다. 예를 들어 親心, 猿芝居, 女坂 등을 들 수 있다. 親心에서 후항요소 心는 親에 내재된 성질을 나타낸다. 猿芝居에서 후항요소 芝居는 전항요소 猿가 지닌 성질, 즉 교묘하지 못한 서툰 성질, 금방 간파되는 얕은꾀를 나타낸다. 女坂에서 후항요소 坂는 女에 내재된 성질, 부드럽고 유연한 성질을 나타낸다. 즉 女坂는 부드럽고 경사가 덜 가파른 완만한 비탈길을 일컫는다.[5)]

이와 같이 일본어의 명사+명사형의 복합명사는 다양한 경로를 거쳐

5) 예는 모두 아키모토 미하루(秋元美晴, 2004:86)에서 인용한 것이며, 예에 대한 구체적인 설명은 본 저자가 하였다.

형성되는 것을 볼 수 있다. 즉 다양한 통사구조를 지니면서 명사+명사형의 복합명사가 성립하는 것을 알 수 있다.

7 단어 간의 의미

하나의 단어와 다른 복수의 단어와의 의미를 기준으로 어휘의 체계화가 가능하다. 우선 의미의 개수를 기준으로 단의어(単義語)와 다의어(多義語)를 들 수 있다. 단의어(単義語, single synonym)는 하나의 의미만 지니는 단어를 말하는데, 예를 들어 東京, 八王子 등의 지명이나 木村卓也, 豊臣秀吉와 같은 인명, 因数分解, 微分・積分 등의 수학 용어들은 모두 단의어에 속하는 어휘들이다. 반면에 雑草をとる, 写真をとる, 学位をとる, 塩分をとる의 とる는 하나의 어형에 제각기 다른 다양한 의미를 내포하므로 다의어(多義語, polysemy)라고 한다.

의미의 중첩 정도를 기준으로 단어는 동의어(同義語), 유의어(類義語), 대의어(反義語)로 분류되기도 한다. 동의어(同義語, homonym)는 의미가 동일한 단어를 말한다. ピンポン - 卓球, 排球 - バレ-ボ-ル 등의 단어들이 그 예이다. 유의어(類義語, synonym)는 A라는 단어와 B라는 단어의 의미가 서로 중첩한 것을 말한다. 言う - 話す - 語る - しゃべる 등이 유의어에 해당한다. 대의어(反義語, antonym)는 息子 - 娘, 女 - 男, 父 - 母, 裏 - 表, 出席 - 欠席 등에서 보듯 의미가 반대인 단어를 말한다. 이와 같이 특정 어휘를 구성하는 단어들은 고립된 존재가 아니라 체계를 이루며 서로 연결되는 것을 재차 확인할 수 있다.

8 단어의 결합-연어와 관용구

電話をかける와 같이 특정 단어가 다른 단어와 관습적으로 결합하는 경우가 있다. 電話をかける와 같이 2개 이상의 단어가 결합하여 하나의 관념을 나타내는 것을 연어(連語, collocation)라고 한다. 품사를 기준으로 연어의 구조를 살펴보면 명사＋を(が, に)＋동사, 명사＋형용사, 형용사・형용동사＋명사, 부사＋동사・형용사・형용동사로 분류되는 것을 알 수 있다. 먼저 명사＋を(が, に)＋동사 형식의 연어로는 この身をまかせる, 雪どけを待つ, 青いせせらぎを聞く, わずかばかりの運の悪さを恨む, 心秘かな嬉し涙を流す, 野の花のけなげな心を知る, ギタ-を弾く 등을 들 수 있다. 명사+が+동사 형식의 연어로 故郷が見える, 晴れる日が来る, いい人がいる, あなたがなれる, 季節が知らん顔をする, 風がつつむ 등의 예가 있다. 명사＋に＋동사의 예로는 黄昏に染まる, この身に落ちる, 睫毛に憩う, この身に荒れる, お酒に酔う, 指にはめる, 悲しみに濡れる, 涙にぬれる, 渚に消える, 目にしみる, 海にながす, 心にとめる, 小指が好きだ, 風に吹かれる, 雨にうたれる, 身につける, 愛にゆれる 등을 들 수 있다. 명사＋형용사(형용동사)로는 笑顔が好きだ, 君がほしい, 街の灯りがきれい, 小指が痛い, 笑顔がいじらしい 등을 들 수 있다. 형용사(형용동사)＋명사 형식의 연어로는 細く長いこの道, 地図さえないそれもまた人生, 思い通りにならない夢, 清いもの, さびしいもの, 終わりのないこの道, 青いせせらぎ, 人はかよわいもの, 人は哀しいもの 등을

들 수 있다. 마지막으로 부사+동사(형용사・형용동사)의 예로는 明るく走る, 小さくふるえる, やさしくつつむ, きれいに忘れる, きれいに片づける, むなしくゆれる, とてもきれい, しみじみ味わう, 胸でやさしくあたためる, まっかに燃える, せつなくなびく, すぐに逢いたくなる, 愉快にさわぐ, 甘く匂う, なにげなく誘われる, また晴れる, 二度とない, こんなに傷つく 등을 들 수 있다.

電話をかける라는 문장에서 자연스럽게 우리는 전화를 걸다라는 의미를 도출할 수 있다. 그런데 腰が低い라는 문장에서는 원래의 의미(허리가 낮다)는 사라지고 '겸손하다', '태도가 조심스럽다' 라는 의미가 나오는데, 이와 같이 두 개 이상의 단어가 결합하여 예기치 않은 의미가 나오는 것을 관용구(慣用句, idiom)라고 한다. 즉 두 개 이상의 단어가 결합하여 특별한 의미만이 나오므로 결국 그 전체는 하나의 단어와 같은 기능을 한다고 할 수 있다. 예를 들면 焼きもちを焼く(→질투하다), 目がない(→좋아서 사족을 못 쓰다), 猫の額(→쥐꼬리, 아주 양이 적은 모양, 장소가 협소한 모양), 寝耳に水(→아닌 밤중에 홍두깨), 尻が重い(→행동이 굼뜨다) 등을 들 수 있다.

9 어휘의 사용률과 사용 범위

단어가 고립된 존재가 아니라 체계를 이루며 서로 연결되는 것으로 보는 또 다른 근거로 단어마다 사용률과 사용 범위가 비슷한 것이 있고, 전혀 다른 것이 있다는 점을 들 수 있다. 단어의 사용률과 사용 범

위를 알기 위해서 어휘 조사(語彙調査)가 실시된다. 구체적으로 말하면 어휘 조사를 통해서 일정 기간 동안, 발간되고 방송된 일정량의 신문이나 잡지, 텔레비전 및 라디오 방송, 특정 작가의 소설 등을 대상으로 어휘의 양적 구성이나 특징을 파악한다. 그러면 이 절에서 어휘조사의 개념을 독자들이 이해할 수 있도록 간단한 텍스트(미소라 히바리(美空ひばり)의 川の流れのように 가사)에 나오는 어휘를 조사해 보도록 하자.

知ら/ず/知ら/ず/歩い/て/き/た
細/く/長い/この/道
振り返れ/ば/遥か/遠/く
故郷/が/見える
でこぼこ道/や/曲がりくねっ/た/道
地図/さえ/ない/それ/も/また/人生
ああ/川/の/流れ/の/よう/に/とめど/な/く
空/が/黄昏/に/染まる/だけ

상기한 가사에 출현한 단어를 추출하면 그 합이 모두 49개이다. 즉 미소라 히바리(美空ひばり)가 부른 川の流れのように에 49개의 단어가 출현한 것이다.

1절 가사에 등장한 49개를 총 단어 수(延べ語数, total number of words used)라고 한다. 그런데 1절 가사를 잘 살펴보면

知る/ず/歩く/て/くる/た/細い/く/長い/この/道/振り返る/ば/

遥か/遠い/故郷/が/見える/でこぼこ道/や/曲がりくねる/地図/さえ/ない/それ/も/また/人生/ああ/川/の/流れ/よう/に/とめど/空/黄昏/染まる/だけ

와 같이 39개 종류의 각기 다른 단어가 사용된 것을 알 수 있다. 이 39개의 단어 수를 개별 단어 수(異なり語数, different number of words used)라고 한다. 그런데 더 자세히 살펴보면 이들 개별 단어들이 1절 가사에 출현한 횟수가 또 다른 것을 알 수 있다. 구체적으로 숫자를 명시하면 다음과 같다.

が(3)/く(3)/知る(2)/ず(2)/ない(2)/の(2)/道(2)/た(2)/に(2)/歩く(1)/て(1)/くる(1)/細い(1)/長い(1)/この(1)/振り返る(1)/ば(1)/遥か(1)/遠い(1)/故郷(1)/見える(1)/でこぼこ道(1)/や(1)/曲がりくねる(1)/地図(1)/さえ(1)/それ(1)/も(1)/また(1)/人生(1)/ああ(1)/川(1)/流れ(1)/よう(1)/とめど(1)/空(1)/黄昏(1)/染まる(1)/だけ(1)

1절 가사에 출현한 단어를 보면 여러 번 출현한 단어도 있고, 한 번만 출현한 단어도 있다. 개별 단어가 출현한 횟수를 총 단어 수 49개로 나누어 100을 곱하면 개별 단어들의 사용률(使用率)을 얻을 수 있다.

그런데 川の流れのように 가사 중에서 만약에 우리가 말을 하거나 무엇인가를 쓸 때 知る, 歩く, 細い, 長い라는 단어들을 직접 사용했다고 한다면 이들 단어들은 사용어휘(使用語彙, expressive vocabulary)가 된다. 반면에 でこぼこ道, 曲がりくねる와 같이 사용하지는 않아도

듣거나 읽으면서 그 의미를 알았다고 한다면, 이 단어들은 이해어휘(理解語彙, passive vocabulary)가 된다. 따라서 일본어 학습자는 자신이 아는 단어들을 사용어휘와 이해어휘로 나누어서 각각 그 양이 어느 정도인지를 가늠해보는 것도 일본어 학습에 있어 매우 중요하다고 생각된다.

어휘는 또한 기본어휘(基本語彙, basic vocabulary)와 기초어휘(基礎語彙, basic vocabulary)로도 구분이 된다. 예를 들어 道, 故郷, 見える, 人生, 染まる 등의 단어가 객관적인 어휘조사에서 사용률이 높고 사용 범위가 넓은 것으로 판명나면 이들 단어는 기본어휘로 인정할 수 있다. 반면에 振り返る, 遥か, 曲がりくねる, とめどなく와 같이 일상에서는 별로 사용되지 않지만 노래 가사의 이해에 반드시 필요한 단어라고 여겨지면 이들 단어들은 기초어휘가 될 수 있다. 기본어휘가 통계를 통한 객관적인 방법을 통해서 선정되는 반면에 기초어휘는 주관적인 판단을 통해서 선정된다.

10 어휘와 사회

단어가 체계를 이루며 서로 연결되는 것으로 보는 또 다른 근거로 단어가 사회의 속성을 나타내는 어휘인, 여성어(女性語), 남성어(男性語), 유아어(幼児語), 청년어(若者ことば), 노인어(老人語), 집단어(集団語), 은어(隠語), 전문어(専門語), 신어(新語), 유행어(流行語), 금기어(忌み言葉), 차별어(差別語) 등으로 체계화가 가능하다는 점을 들 수 있다. 이에 대해서는 제8장에서 상세히 다루기로 하겠다.

11 요약

어휘는 단어들의 집합체이다. 어휘는 독자적으로 존재하면서 개념적으로 연결되기 때문에 체계를 지닌다. 예를 들어 색채어휘, 친족어휘, 문법어휘 등이 그것이다. 일본어의 어휘는 출신지가 어디냐에 따라 순수 일본어, 한어, 외래어, 혼종어로 나뉜다. 한어 읽기에는 훈독과 음독이 있다. 단어의 내부구조를 해명하는 분야를 단어구성론이라고 한다. 단어 중에는 단순어, 합성어(복합어, 첩어, 파생어)가 있다. 파생어는 접두사나 접미사에 의해 만들어진다. 복합어에는 복합명사, 복합동사, 복합형용사, 복합형용동사, 복합부사가 있다. 단어에는 단의어, 다의어, 동의어, 유의어, 대의어가 있다. 단어들은 서로 관습적으로 결합하여 연어가 되기도 하고 관용구가 되기도 한다. 단어의 사용률과 사용 범위를 알기 위해서 어휘 조사가 행해진다. 일정한 텍스트에 출현한 모든 단어의 수를 총 단어 수라고 하며, 각기 다른 종류의 단어가 출현한 횟수를 개별 단어 수라고 한다. 직접 사용할 수 있는 단어는 사용어휘라고 하며, 사용할 수는 없지만 들어서 이해할 수 있는 단어는 이해어휘라고 한다. 사용률이 높고 사용 범위가 넓은 단어를 기본어휘라고 하며, 특정한 텍스트를 이해하는 데에 반드시 필요한 단어를 기초어휘라고 한다. 어휘는 여성어, 남성어, 유아어, 청년어, 노인어, 집단어, 은어, 전문어, 신어, 유행어, 금기어, 차별어와 같이 사회의 다양한 집단의 속성을 나타내기도 한다.

제4장의 참고문헌

가토 아키히코 편(加藤彰彦編, 1990)「第3章 語彙」『日本語概説』桜楓社, pp.65-93.

기타하라 야스오 편자(北原保雄 編者, 1996)「第四章 語彙」『概説日本語』朝倉書店, pp.60-77.

김공칠(金公七, 1987)『日本語語彙論』学文社, pp.6-294.

김공칠(金公七, 1994)「제5장 語彙」『日語学概論』時事日本語社, pp.178-229.

다카미자와 하지메 감수(高見沢孟/監修, 2004)「第5章 語彙」『日本語教育1』語文学社, pp.161-176.

스즈키 가즈히코 감수(鈴木一彦 監修, 2007)「第4章 語彙・意味」『概説日本語学』明治書院, pp.107-148.

시미즈 요시아키(清水義昭, 2002)「第3章 語彙・意味」『概説日本語学・日本語教育』おうふう, pp.32-42.

아키모토 미하루(秋元美晴, 2004)『よくわかる語彙』アルク, pp.3-199.

오기노 쓰나오(荻野綱男, 2007)「各論-語彙」『現代日本語学入門』明治書院, pp.42-63.

윤상실・윤호숙・황광길(2004)「제6장 어휘」『일본어학의 이해』J&C, pp.155-189.

이향란(2010)「4. 文字・語彙(論)」『일본어학개론』어문학사, pp.91-138.

전성용(2003)「제3장 어휘」『일어학개론』J&C, pp.71-93.

정현혁(2012)「제5장 어휘와 의미」『일본어학의 이해』인문사, pp.117-143.

천호재(2018a)「일본인 한자 성씨의 중층적 분석」『日本語文学』日本語文学会, pp.223-248.

천호재(2018b)「연어(連語)에 기반한 엔카(演歌) 가사 분석」『日本語文学』日本語文学会, pp.273-298.

후루타 도사쿠(古田東朔, 1987)「第4章 語彙」『新日本語概説』くろしお出版, pp.51-65.

후루타 도사쿠(古田東朔, 1994)「9-日本語の語彙」『改訂版 日本語学概論』放送大学教育振興会, pp.107-119.

후루타 도사쿠(古田東朔, 1994)「10-日本語の語種」『改訂版 日本語学概論』放送大学教育振 興会, pp.121-136.

〈漢語〉 https://ja.wikipedia.org/wiki/%E6%BC%A2%E8%AA%9E 검색연월일

2018.10.02.

〈重箱読み〉https://ja.wikipedia.org/wiki/%E9%87%8D%E7%AE%B1%E8%AA%AD%E3%81%BF 검색연월일 2018.10.02.

〈湯桶読み〉https://ja.wikipedia.org/wiki/%E6%B9%AF%E6%A1%B6%E8%AA%AD%E3% 81%BF 검색연월일 2018.10.02.

〈和製英語〉https://ja.wikipedia.org/wiki/%E5%92%8C%E8%A3%BD%E8%8B%B1%E8%AA%9E 검색연월일 2018.10.02.

〈和製漢語〉https://ja.wikipedia.org/wiki/%E5%92%8C%E8%A3%BD%E6%BC%A2%E8% AA%9E 검색연월일 2018.10.02.

제5장

〈제5장의 키워드〉

1 문장의 구성 요소 - 단어, 문(장), 자립어, 부속어, 문절

2 품사(品詞)

2.1 명사(名詞, noun)

2.2 동사(動詞, verb)

2.3 형용사(形容詞=イ形容詞, i-adjective)

2.4 형용동사(形容動詞=ナ形容詞, na-adjective)

2.5 부사(副詞, adverb)

2.6 연체사(連体詞, pre-noun adjectival)

2.7 접속사(接続詞, conjunction)

2.8 감동사(感動詞, interjection)

2.9 조동사(助動詞, auxiliary verb)

2.10 조사(助詞, postpositional particle)

3 요약

제5장의 참고문헌

제5장

일본어 문법(I)

〈제5장의 키워드〉

문장(文, ぶん), 자립어(自立語, じりつご), 부속어(付属語, ふぞくご), 문절(文節, ぶんせつ), 품사(品詞, ひんし), 어형(語形, ごけい), 어의(語義, ごぎ), 직능(職能, しょくのう), 문법(文法, ぶんぽう), 명사(名詞, めいし), 성(性, せい), 수(数, すう), 인칭(人称, にんしょう), 명사(名詞, めいし), 보통명사(普通名詞, ふつうめいし), 고유명사(固有名詞, こゆうめいし), 시간명사(時間名詞, じかんめいし), 전성명사(転成名詞, てんせいめいし), 복합명사(複合名詞, ふくごうめいし), 형식명사(形式名詞, けいしきめいし), 수사(数詞, すうし), 대명사(代名詞, だいめいし), 인칭대명사(人称代名詞, にんしょうだいめいし), 재귀대명사(再帰代名詞, さいきだいめいし), 지시대명사(指示代名詞, しじだいめいし), 사물지시대명사(事物指示代名詞, じぶつしじだいめいし), 장소지시대명사(場所指示代名詞, ばしょしじだいめいし), 방향지시대명사(方向指示代名詞, ほうこうしじだいめいし), 동사(動詞, どうし), 보조동사(補助動詞, ほじょどうし), 자동사(自動詞, じどうし), 타동사(他動詞, たどうし), 양용동사(両用動詞, りょうようどうし), 소동사(所動詞, しょどうし), 형용사(形容詞, けいようし), 속성형용사(属性形容詞, ぞくせいけいようし), 감정형용사(感情形容詞, かんじょうけいようし), 형용동사(形容動詞, けいようどうし), 속성형용동사(属性形容動詞, ぞくせいけいようどうし), 감정형용동사(感情形容動詞, かんじょうけいようどうし), 부사(副詞, ふくし), 정태부사(情態副詞, じょうたいふくし), 정도부사(程度副詞, ていどふくし), 진술부사(陳述副詞, ちんじゅつふくし), 평가부사(評価副詞, ひょうかふくし), 연체사(連体詞, れんたいし), 접속사(接続詞, せつぞくし),

순접형(順接型, じゅんせつがた), 전개형(展開型, てんかいがた), 반대형(逆接型, ぎゃくせつがた), 병렬형(並列型, へいれつがた), 첨가형(添加型, てんかがた), 동격형(同格型, どうかくがた), 보충형(補足型, ほそくがた), 선택형(選択型, せんたくがた), 대비형(対比型, たいひがた), 전환형(転換型, てんかんがた), 감동사(感動詞, かんどうし), 조동사(助動詞, じょどうし), 조사(助詞, じょし), 격조사(格助詞, かくじょし), 특립조사(取り立て助詞, とりたてじょし), 접속조사(接続助詞, せつぞくじょし), 간투조사(間投助詞, かんとうじょし), 종조사(終助詞, しゅうじょし)

1 문장의 구성 요소 - 단어, 문(장), 자립어, 부속어, 문절

복수의 단어(word)가 모여 하나의 문장(文, sentence, 이하 문장으로 통칭한다.)이 된다.[6] 그런데 우리가 사전(辞書)에 있는 단어(비교적 빈도수가 높은 단어)를 모두 암기하였다고 해서 私は昨日新宿に行ってきました라는 문장을 자동적으로 만들어낼 수 없다. 만약 누군가가 예를 들어, にきました昨日は私に行って新宿라는 문장을 발화했다고 한다면, 일본 원어민들은 그 문장의 의미를 전혀 이해할 수 없을 것이다. 이 문장을 구성하는 단어의 배열이 일본 원어민들에게는 비문법적이고 비상식적이기 때문이다. 이것은 문장을 구성하는 단어와 다른 단어의 배열에 있어 일정한 규칙, 즉 일본어 특유의 랑그(langue)가 일본 원어민의 의식 속에 내재되어 있다는 것을 의미한다. 이 층위에서는 제4장에서 살펴본 바와 같이 특정한 단어의 쓰임새, 출신, 다른 단어들 간의 의미적 유사성 등등에 대해서는 의식을 크게 하지 않는다고 할 수 있다(결코 무시한다는 말이 아니다.). 문장의 층위에서는 단어와 단어와의 문법적 관계가 매우 중요하다. 즉 하나의 사건이나 상태를 묘사하기 위해 복수의 단어가 어떠한 규칙에 따라 어떻게 배열되는가가 중요한 것이다.

그러면 私は昨日新宿に行ってきました라는 문장을 다시 살펴보도록 하자. 이 문장을 다음과 같이 간격을 띄어 제시하면 다음과 같다.

---

6) 그러나 危ない!와 같이 하나의 단어로 문장이 성립하는 경우도 있다. 이것을 일어문(一語文)이라고 하는데, 실은 危ない!에 주어(2인칭)가 생략되어 있다고 보는 것이 더 타당하다고 할 수 있다.

私 -は　昨日　　新宿 - に　行っ - て　き - まし-た

위의 문장에서 배열된 단어들의 문법적 특성을 이해하려면 우선 자립어(自立語)와 부속어(付属語)의 개념을 이해하여야 한다. 자립어(自立語, independent word)란 실질적인 의미를 지니며 단독으로 사용될 수 있는 단어를 말한다. 자립어의 예로 私, 昨日, 新宿, 行く, 来る를 들 수 있다. 이에 반해 부속어(付属語, dependent word)란 실질적인 의미를 지니지 못하며 단독으로 사용되는 자립어에 항상 부속되는 단어를 말한다. 부속어의 예로는 は, に, て, まし, た 등을 들 수 있다.

그런데 私-は 昨日 新宿-に 行っ-て き-まし-た라는 문장을 자립어와 부속어로 분류하면 그것은 논리적으로 타당할지는 모르지만, 이러한 나눔법은 마치 로봇이 발화하는 것처럼 매우 부자연스럽다. 그것보다는 {私は} {昨日} {新宿に} {行って} {きました}와 같이 나누면 비교적 자연스러운데 이러한 나눔법에 의해 얻어진 단위를 문절(文節, 문장의 마디)이라고 한다. 즉 문절이란 단어를 잘게 분절하였을 때, 의미적으로 부자연스럽지 않은 최소의 단위를 말한다. 따라서 문절은 단어보다는 단위가 크고, 문장보다는 작은 단위라고 할 수 있다. 이렇게 생각하면 私は昨日新宿に行ってきましたは {私は}{昨日}{新宿に}{行って}{きました}에서 보듯, 모두 다섯 문절로 구성된 것으로 생각할 수 있다. {私は}{昨日}{新宿に}{行って}{きました}를 보면 자립어는 그 자체 하나의 문절을 구성할 수 있는 반면에, 부속어는 늘 자립어와 결합하여 하나의 문절을 이루는 것을 볼 수 있다. 이것은 모음은 음절이 되지만, 자음은 홀로 음절이 되지 못하며 늘 모음과 결합하

여 음절이 되는 것과 거의 같은 이치라고 할 수 있겠다.

2 품사(品詞)

私は昨日新宿に行ってきました를 보면 배열된 단어마다 제각기 다른 문법상의 성질을 엿볼 수 있다. 行く는 동작을, 私는 1인칭 자신을, 昨日는 과거 시제를, 新宿는 장소를 나타내는 성질을 지닌 것을 알 수 있다. 따라서 문장을 구성하는 모든 단어가 제각각 고유의 문법적인 성질을 지니는 것을 볼 수 있는데, 이를 품사(品詞, a part of speech)라고 한다. 사전에 기재된 단어들은 고유의 문법적 성질을 별도로 가진 품사의 개념으로 묶을 수가 있다. 좀 더 전문적으로 말하면 어떤 단어를 형식적, 의미적, 논리적(통사적) 기준에 따라서 분류한 것을 품사라고 할 수 있는데, 이들은 각각 어형(語形), 어의(語義), 직능(職能)으로 치환할 수 있다. 어형은 단어의 형식적(형태적)인 측면을 말하는 것으로, 暖かい를 예로 들면 暖かい는 어간+어미(い)로 구성된다든지, 暖かい部屋에서 보듯 명사 앞에 놓였을 때는 기본형과 동일한 형태를 취한다든지, 부정형은 暖かくない형을 취한다든지, 과거형은 暖かかった, 중지형은 暖かくて와 같은 형태를 취한다든지 하는 것은 모두 어형의 개념에 해당하는 것이다. 어의는 단어의 의미적 측면을 말하는 것이다. 예를 들어 暖かい는 部屋와 같은 특정 공간의 상태 및 성질을 나타내는 형용사이다. 마지막으로 직능은 단어의 논리적(통사적)인 측면을 말한다. 예를 들어 暖かい에 주어진 직능은 *暖かいは部屋だ와 같이 주어가 될 수 없다든지, 暖かい夜와 같이 수식어가 될 수 있다든지, 暖かかった와 같이 활용을 한다는 것이다. 따라서 어떠한 단어가 특정한 품사(예를 들어 형용사)로 인정을 받으려면 위에서 제시한 어형, 어의, 직능의 기준을 모순 없이 채우면 된다.[7] 각 품사의 어형, 어의, 직능을 빠짐없이 기술해 놓은 것을 우리는 문법(文法, grammar)이라고 부른다. 문법에서 정해놓은 품사로는 일반적으로 명사(名詞), 동사(動詞), 형용사(形容詞), 형용동사(形容動詞), 부사(副詞), 연체사(連体詞), 접속사(接続詞), 감동사(感動詞), 조동사(助動詞), 조사(助詞)를 들 수 있다. 이하에서는 이상 열거한 순서대로 각 품사의 특징을 살펴보도록 하겠다.

2.1 명사(名詞, noun)

① 어형 - 일본어 명사는 자립어이며 특정한 형식을 취하지 않는다. 유럽어(이탈리아어, 스페인어, 프랑스어, 독일어)처럼 남성명사와 여성명사, 단수명사와 복수명사, 인칭을 구별하기 위해 명사의 형태를 바꾸지 않는다. 즉 일본어 명사는 성(gender), 수(number), 인칭(person)의 영향을 받아 형태가 변화하는 일은 없다.

② 어의 - 생물(사람, 성, 동물 등등)이나 무생물(지명, 용어)의 이름을 나타낸다.

③ 직능 - 명사는 격조사(が, を, に, から…)와 결합하여 주어, 목적어가 될 수 있다. 단정형(だ, である)과 단정보류형(らしい, ようだ, かもしれない, にちがいない, だろう, でしょう)과 결합하여 술어가 될 수 있다.

7) 어형, 어의, 직능의 기준을 모순 없이 충족하는 것은 동사, 형용사, 형용동사 정도이다.

④ 종류 - 보통명사(普通名詞), 고유명사(固有名詞), 시간명사(時間名詞), 전성명사(転成名詞), 복합명사(複合名詞), 형식명사(形式名詞), 수사(数詞), 대명사(代名詞)가 있다.

☞보통명사(普通名詞, common noun) - 일반적인 사물을 나타내는 명사이다.

ex) 鉛筆, 机, 本, 雑誌, 電球, 蛍光灯, 電車, 車, 飛行機, 玉ねぎ, ラ-メン

☞고유명사(固有名詞, proper noun) - 세상에서 유일무이하게 존재하는 명사이다. 국명, 지명, 인명, 서적명, 영화명, 곡명, 건축물명, 천체명, 브랜드명

ex) 韓国, スイス, 田中, 吾輩は猫である, 新しい靴を買わなくちゃ, 赤とんぼ, さそり座

☞시간명사(時間名詞, time noun) - 사건이 성립한(할) 시간을 나타내는 명사이다.

ex)1時, 一昨日, 昨日, 今日, 明日, 明後日, 火曜日, 2045年, 大学時代

☞전성명사(転成名詞, transformational noun) - 형용사나 동사가 명사로 품사적 성질이 전환된 것이다.

ex)寒い→寒さ, 遊ぶ→遊び, 学ぶ→学び, 教える→教え, 柔軟→柔軟性, 楽しい→楽しみ

☞복합명사(複合名詞, compound noun) - 둘 이상의 단어가 결합하여 하나의 단어가 된 명사이다.

ex)春風, 癌ノイロ-ゼ, インタ-ネット販売, 近道, 昼寝, 海

辺, 雪解, 夕暮れ

☞형식명사(形式名詞, formal noun) - 실질적인 의미는 없으며 마치 비자립어와 같이 다른 실질적인 명사와 결합하여 비로소 그 존재적 의미가 드러나는 명사이다. ex)こと, の, わけ, ところ, もの, つもり, はず, 一方, 反面, かぎり, ほか, ついでに

☞수사(数詞), numeral) - 수량을 나타내는 명사이다.

ex)いち, に, 一つ, 二つ, 個, 本, 匹, 秒, 時間, 一月, 二月, 一か月, 円, 一回

☞대명사(代名詞, pronoun) - 명사 대신에 사용하는 단어이다. 인칭대명사, 재귀대명사, 지시대명사가 있다.

ex1)인칭대명사(人称代名詞): 인칭을 나타내는 명사. - 私(あたし, ぼく, おれ), あなた (君, お前), 彼(彼女), この人, あの方, 山田さん

ex2)재귀대명사(再帰代名詞): 주어와 목적어가 동일한 대명사. - 自分, 自身, おのれ

ex3)지시대명사(再帰代名詞): 명사를 가리키는 단어이다. 사물지시대명사(事物指示代名詞, これ-それ-あれ-どれ), 장소지시대명사(場所指示代名詞, ここ-そこ-あそこ-どこ), 방향지시대명사(方向指示代名詞, こちら-そちら-あちら-どちら)가 있다.

2.2 동사(動詞, verb)

① 어형: 어간과 어미로 구성되며, 어미가 항상 모음 [-ɯ]로 끝난다.

ex) 書く, 泳ぐ

•1그룹동사(=5단활용동사), 2그룹동사(=상하1단활용동사), 3그룹동사((=불규칙동사)로 나뉜다.

•동사는 어형 변화를 한다. 즉 활용을 한다. ex)書く, 書きます, 書くとき, 書けば, 書こう

•동사는 자립어이지만, 부속어와 같이 기능하는 보조동사(補助動詞)가 있다. ex) 本を読んでいる, 本を読んでみる, 本を読んでもらう, 本を読んであげる

② 어의: 생물의 움직임이나 무생물의 상태 변화를 서술한다.

③ 직능: 동사가 자동사이냐 타동사이냐에 따라 격 배치와 격의 형태가 결정된다.

1) 猫がねずみを追っかけている。(타동사)

2) 母が妹にお小遣いをくれた。(타동사문)

3) 太郎が妹から人形を奪った。(타동사문)

4) 風が吹く。(자동사문)

④ 동사의 종류로 자동사(自動詞), 타동사(他動詞), 양용동사(両用動詞), 소동사(所動詞)가 있다.

1) 자동사(自動詞, intranstive verb) - 예외가 있기는 하지만 일반적으로 목적어를 취하지 않으며 스스로의 힘으로 사건이나 동작이 발생한 것을 나타낸다.

ex) なる, かかる, 起きる, 切れる, 並ぶ, 流れる, 動く, 温まる, 行く, 笑う, 泣く

2) 타동사(他動詞, transtive verb) - 주체가 대상에 직접적인 영향을 가

해, 대상이 영향을 받아 상태 변화하는 것을 나타낸다.

ex) たたく, 壊す, 起こす, 切る, 開ける, 止める, 流す, 残す, 乗せる, 閉める

3) 양용동사(両用動詞) - 하나의 형태를 지닌 동사가 자타 양쪽으로 모두 사용되는 동사이다.

ex) 開始する, 終わる, 開く, 唸る, 負う, 開店する, 送る, 組む, 塞ぐ, 越す

4) 소동사(所動詞) - 화자의 판단을 나타내며, 수동이나 사역으로 변환이 불가능한 동사이다.

ex1) *できさせる, *できられる, *思えさせる, *思えられる

ex2)できる, 思える, 聞こえる, 聞ける, 消える, 泳げる, ある, わかる

2.3 형용사(形容詞=イ形容詞, i-adjective)

① 어형 - 어간과 어미로 구성되며, 어미는 い로 끝난다.

ex)寒-い, 涼し-い

· 어미만이 어형 변화를 한다.

ex)寒いです, 寒くない, 寒くて, 寒かった, 寒い部屋

· 형용사는 자립어이지만, 부속어와 같이 기능하는 보조형용사가 있다.

ex1)会いたい /会わない /飲んでほしい /書いてもいい /学生ではない

ex2)会う→会いたい→会いたかった→会いたくない→会い

たくなった→会いたくて

② 어의 - 모양(크기, 길이, 높이, 색채), 감정(희로애락), 감각(추위, 더위), 속성(성격, 재질, 성능) 등을 나타낸다.

③ 직능 - 会いたくて처럼 두 문장을 한 문장으로 연결할 수 있으며, 명사의 속성을 연체형으로도, 술어형으로도 나타낼 수 있다.

ex)暖かい心, 心が暖かい

④ 종류 - 속성형용사(属性形容詞)와 감정형용사(感情形容詞)가 있다.

ex1)속성형용사(属性形容詞): 사람이나 사물의 속성(특징, 성질)을 나타낸다. 速い, 近い, 青い, 強い, 短い, 細い, 軽い, 清い, 広い

ex2)감정형용사(感情形容詞): 사람의 감정, 감각을 나타낸다.

恋しい,懐かしい,愛しい,寂しい,かゆい,ほしい,嬉しい

2.4 형용동사(形容動詞=ナ形容詞, na-adjective)

① 어형 - 어간과 어미로 구성되며, 어미는 だ로 끝난다.

ex)元気だ, 便利だ

- 어미만이 어형 변화를 한다. ex)便利だ /便利です /便利ではない /便利な生活
- 형용동사는 명사와 생김새와 활용형이 유사하다. *표시는 비문법적이라는 의미.

형용동사) 元気だ /元気です /元気ではありません /元気で /元気な学生

명사) 大学生だ /大学生です /大学生ではありません /大学

生で /*大学生な

•단어 앞에 とても를 넣어 말이 안 되면 명사이고, 말이 되면 형용동사이다.

형용동사) とても元気だ /とても便利だ /とても真面目だ /とても簡単だ

명사) *とても学生だ /*とても先生だ /*とても車だ /*とてもラジオだ

•동일한 형태의 활용형이라도 명사와 형용동사는 다음과 같이 제각기 다르게 번역한다.

형용동사) 元気だ(건강하다) /元気です(건강합니다) /元気ですか (건강합니까) /元気ではありません (건강하지않습니다)/元気で(건강하고)

명사) 大学生だ(대학생이다) /大学生です(대학생입니다) /大学生ですか(대학생입니까) /大学生ではありません(대학생이 아닙니다)/大学生で(대학생이고)

② 어의 - 사람이나 사물의 성질이나 상태를 나타낸다.

③ 직능

•자립어이며, 활용을 하며 단독으로 술어가 될 수 있다.

•便利で처럼 두 문장을 한 문장으로 연결할 수 있으며 명사의 속성을 연체형으로도, 술어형으로도 나타낼 수 있다. ex)親切な先生, 先生は親切だ

④ 종류 - 속성형용동사(属性形容動詞)와 감정형용동사(感情形容動詞)가 있다.

☞ 속성형용동사(属性形容動詞): 사람이나 사물의 속성(특징, 성질)을

나타낸다.

ex1)丈夫だ, 便利だ, 勤勉だ, 元気だ, 健やかだ, 静かだ, きれいだ, ハンサムだ

☞ 감정형용동사(感情形容動詞): 사람의 감정, 감각을 나타낸다.

ex2)好きだ, いやだ, 嫌いだ, 愉快だ, 残念だ, 不愉快だ, 不思議だ

2.5 부사(副詞, adverb)

① 어형 - 형용사(형용동사)의 어미를 く(に)로 바꾸면 부사가 된다.

ex)大きい(크다)→大きく(크게)/元気だ(건강하다)→元気に(건강하게)

•그러나 부사는 이외에도 다양한 형태를 지닌다.

•부사는 활용하지 않는다.

② 어의 - 부사는 용언(동사, 형용사)이나 다른 부사를 수식하는 기능을 지닌다.

③ 직능

•부사는 주어가 될 수 없다.

•자립어로 술어가 될 수도 있다.

•활용을 하지 않는다.

•문장의 어느 위치에서든 출현할 수 있다.

•부사가 있음으로 해서 동작이나 상태나 더 상세하게 묘사된다.

④ 종류(種類) - 정태부사(状態副詞), 정도부사(程度副詞), 진술부사(陳述副詞), 평가부사(評価副詞)가 있다.

☞ 정태부사(情態副詞) - 동작을 구체적으로 나타내는 부사이다.

ex)いやいや, あらかじめ, すくすく, ぐっすり, ついに, ときどき, ますます, いよいよ

☞ 정도부사(程度副詞) - 형용사를 수식하는 방식으로 상태의 정도를 나타낸다.

ex)たいへん, ずいぶん, はなはだ, ごく, 大幅に, おそろしく, ずっと, もっとも

☞ 진술부사(陳述副詞) - 문말에 오는 술어와 호응을 하는 방식으로 화자의 판단을 나타내거나 행위를 촉구하는 기능을 지닌다.

ex)必ず, きっと, ぜひ, おそらく, たぶん, どうか, なんとか, まるで, 全然

☞ 평가부사(評価副詞) - 해당 사항에 대한 평가를 나타낸다.

ex)あいにく, 当然, もちろん, たまたま, 偶然, さいわい

2.6 연체사(連体詞, pre-noun adjectival)

① 어형 - 다양한 형태를 취한다. 고유의 형태는 없다. 활용하지 않는다. 명사를 수식한다.

② 어의 - 명사를 수식하여 명사(대명사, 수사)의 범위나 의미를 조절(제한, 확대)한다.

③ 직능 - 명사 앞에만 위치하여 명사를 수식한다. 주어나 목적어가 될 수 없다. ex) この人, その方, *人この, *このが, *あのを, *あのから

④ 종류 - 동사의 형태를 취하는 것, 동사의 た(だ)형을 취하는 것, 형용동사의 명사 수식형을 취하는 것, ~の의 형식을 취하는 것, ~が

의 형식을 취하는 것, 기타가 있다.

ex1)동사의 형태를 취하는 것 - あらゆる, いわゆる, かかる, さる, 来(きた)る, ある

ex2)동사의 た(だ)형을 취하는 것 - とんだ, ちょっとした, ふとした, たいした, たった

ex3)형용동사의 명사 수식형을 취하는 것 - こまかな, 大きな, 小さな, いろんな, ろくな, こまかな, 確固たる, 単なる

ex4)~の의 형식을 취하는 것 - この, その, あの, どの, 例の, 一種の, ほんの

ex5)기타 - 約, せいぜい, およそ, たかだか, わが

2.7 접속사(接続詞, conjunction)

① 어형 - 특별한 형태를 취하지 않는다. 활용하지 않는다.

② 어의 - 문장과 문장을 연결한다. 단어와 단어를 연결할 수 있는 접속사도 있다.

③ 직능 - 문장1과 문장2를 연결한다. 문장2 앞에 위치한다.

④ 종류 - 의미기능에 따라 순접형(順接型), 역접형(逆接型), 병렬형(並列型), 첨가형(添加型), 동격형(同格型), 보충형(補足型), 선택형(選択型), 전환형(転換型)으로 나뉜다.

ex1)순접형(順接型) - 뒷 문장이 앞 문장의 문맥에서 예상되는 당연한 결과를 나타내게 될 것을 암시한다.

そのため, そこで, したがって, だから, すると, ゆえに, それでは

ex2)역접형(逆接型) - 앞 문장의 문맥과 반대되는 뒷 문장이 오는 것을 암시한다.

-しかし, けれど, ところが, ものの, が, とはいえ, それなのに, にもかかわらず, そのくせ

ex3)병렬형(並列型) - 앞의 단어와 문장이 뒤의 단어와 문장과 의미적으로 대등한 관계에 놓여 있음을 제시한다. -かつ, ならびに, および, 同じく

ex4)첨가형(添加型 = 누가형·부가형(累加型·付加型)) - 앞의 문장에서 제시된 정보를 추가한다.

-それから, ひいては, しかも, さらに, それに, その上, なお, おまけに, そればかりか

ex5)동격형(同格型) - 앞의 문장과 동일한 의미를 보다 명확하게 다른 말로 바꾸어서 전달(보충 설명)할 때 사용된다.

-つまり, すなわち, ただし, 要するに, 例えば, いわば

ex6)보충형(補足型) - 뒷 문장을 보충해서 앞의 문장의 타당성을 밝히겠다는 것을 암시한다.

-というのは, なぜなら, もっとも, ただし, なぜかというと, そもそも, そのかわり

ex7)선택형(選択型 = 대비형(対比型)) - 양자택일을 하는 경우에 사용된다.

-もしくは, ないしは, または, それとも, あるいは, それとも

ex8)전환형(転換型) - 앞의 문장에서 명시된 화제와는 다른 화제가

뒷 문장에서 나타날 것을 암시한다. -さて, ところで, それでは, ときに, それはそうと

2.8 감동사(感動詞, interjection)

① 어형 - 특별한 어형을 취하지 않는다. 활용하지 않는다.

② 어의 - 어떤 상황에 대한 감정이나 타인의 주의를 재촉하거나 타인의 질문에 반응하는 기능을 지닌다.

③ 직능 - 문두에 위치한다. 단독으로 사용될 수 있다. 주어나 목적어가 될 수 없다.

④ 종류 - 감정(기쁨, 놀라움)을 표현하는 것, 타인을 부르거나 응답을 하는 것이 있다.

ex1)감정(기쁨, 놀라움, 실망)을 표현하는 것 - あら, あらまあ, ああ, おや, おや, やれやれ, ほお, なるほど, ええと

ex2)타인을 부르거나 응답을 하는 것 - はい, いいえ, うん, おい, も もし, あの, こら, おら, ねえ, さあ

2.9 조동사(助動詞, auxiliary verb)

① 어형 - 특별한 형태는 없다. 동사의 미연형(未然形), 종지형(終止形), 연체형(連体形) 등에 접속한다. 형용사(형용동사)의 기본형이나 과거형, 명사＋だ(である)형, 명사＋だ(である)의 과거형에 접속한다.

② 어의 - 동사, 형용사, 형용동사에 접속하여 동사, 형용사, 형용동사의 의미를 더 자세하게(복잡하게) 전달한다.

③ 직능 - 부속어이다. 즉 비자립어로 단독으로 존재할 수 없다. 용언(동사, 형용사, 형용동사) 등에 접속하여 비로소 자신의 존재적 의미를 발휘하게 된다.

④ 종류 - 자발(自発, ~られる), 사역(使役, ~させる), 수동(受身, ~られる), 정중(丁寧, ~ます), 부정(打消, ~ない), 부정 추량(否定推量, ~まい), 추량(推量, ~ようだ·かもしれない·にちがいない·だろう·でしょう·(ます形)そうだ), 추정 전문(推定伝聞, ~らしい), 전문(伝聞, ~そうだ), 과거(過去, ~た(だ)), 완료(完了, ~た(だ)), 희망(希望, ~たい), 명령(命令, ~なさい), 의무(義務, ~なければならない), 허가(許可, ~てもいい), 금지(禁止, (する)な·~て(で)はいけない), 조언(助言, ~た(だ)ほうがいい), 의지(意志, (し)よう), 결정(決定, することにする·つもり), 판단(判断, わけだ·はずだ·ものだ·のだ)

2.10 조사(助詞, postpositional particle)

① 어형 - 특별한 형태를 취하지 않는다. 부속어이며 활용하지 않는다.

② 어의 - 조사와 결합한 명사나 동사에 특정한 의미를 덧붙이거나 단어와 단어의 문법적인 관계를 나타낸다. 문장(절, 節)과 문장(절, 節)과의 의미관계를 나타내는 것도 있다.

③ 직능 - 체언 뒤에 접속한다. 따라서 일본어의 조사는 후치사(後置詞, postposition)라고 불린다. →영어의 조사는 체언 앞에 놓이므로 전치사(前置詞, preposition)라 불린다.

④ 종류 - 격조사(格助詞), 특립조사(取り立て助詞), 접속조사(接続助

詞), 간투조사(間投助詞), 종조사(終助詞) 등이 있다.

ex1)격조사(格助詞) - 문장을 구성하는 단어들이 어떠한 문법 관계(주어, 목적어...)에 놓여 있는지를 나타낸다. -が, の, に, から, と, で, へ, まで, や, より

ex2)특립조사(取り立て助詞) - 문장을 구성하는 단어 중 어느 하나를 의미적으로 부각시키는 기능을 지닌 조사이다.

-は, も, さえ, でも, すら, まで, だけ, こそ, しか, ばかり

ex3)접속조사(接続助詞) - 절과 절을 접속하는 조사이다. 접속조사가 사용된 문장을 복문이라고 한다. 일본어 복문의 다양한 유형과 사용(원어민, 학습자)에 대해서 천호재(2015), 『일본어의 態 voice와 복문』에서 자세히 논의하고 있다.

-ば, ても, と, のに, けれども, のに, から, し, つつ, ながら, つつ, し, たり

ex4)간투조사(間投助詞) - 발화 중간 중간에 화자가 의미적으로 어느 부분을 강조할 때 던지듯이 내뱉는 말이다. -さ, ね, な

ex5)종조사(終助詞) - 문장 끝에 나타나는 조사이다. -ぞ, よ, ね, か, い, な, わ

3 요약

복수의 단어가 배열하여 문장이 실현된다. 단어에는 자립어와 부속어가 있다. 문장의 마디를 문절이라고 한다. 고유의 문법적인 성질을 기준으로 품사가 결정된다. 품사는 어형, 어의, 직능 등으로 구별된다.

품사의 어형, 어의, 직능을 규정해 놓은 것을 문법이라고 한다. 품사에는 명사가 있다. 명사는 다시 보통명사, 고유명사, 시간명사, 전성명사, 복합명사, 형식명사, 수사, 대명사(인칭대명사, 재귀대명사, 지시대명사(사물지시대명사, 장소지시대명사, 방향지시대명사))로 나뉜다. 동사는 자동사, 타동사, 양용동사, 소동사로 나뉘며, 형용사는 속성형용사, 감정형용사로 나뉜다. 형용동사는 속성형용동사와 감정형용동사로 나뉜다. 부사는 정태부사, 정도부사, 진술부사, 평가부사로 나뉘며, 연체사는 동사의 형태를 취하는 것, 동사의 과거형을 취하는 것, 형용동사의 명사 수식형을 취하는 것, の의 형식을 취하는 것, 기타로 나뉜다. 접속사는 순접형, 역접형, 병렬형, 첨가형, 동격형, 보충형, 선택형, 전환형으로 나뉜다. 감동사는 감정을 표현하는 것과 타인을 부르거나 응답을 하는 것이 있다. 조동사는 자발, 사역, 수동, 정중, 부정, 부정 추량, 추량, 추정 전문, 전문, 과거, 완료, 희망, 명령, 의무, 허가, 금지, 조언, 의지, 결정, 판단의 의미를 나타내는 조동사로 나뉜다. 조사는 격조사, 특립조사, 접속조사, 간투조사, 종조사로 나뉜다.

제5장의 참고문헌

가토 아키히코 편(加藤彰彦編, 1990)「第5章 文法」『日本語概説』桜楓社, pp.107-185.

기타하라 야스오 편자(北原保雄 編者, 1996)「第五章 文法」『概説日本語』朝倉書店, pp.78-100.

김공칠(金公七, 1994)「제4장 文法」『日語学概論』時事日本語社, pp.106-177.

다나카 하루미 편집주간(田中春美, 1992)『現代言語学辞典』成美堂, pp.1-930.

다카미자와 하지메 감수(高見沢孟監修, 2004)「第3章 文法」『日本語教育1』語文学社, pp.45-116.

데라무라 히데오(寺村秀夫, 1992)「第5章 確言の文」『日本語のシンタクスと意味II』くろしお出版, pp.65-216.

데라무라 히데오(寺村秀夫, 1992)「第6章 概言の文と説明の文-二次的ムードの助動詞」『日本語のシンタクスと意味II』くろしお出版, pp.217-311.

데라무라 히데오(寺村秀夫, 1992)『日本語のシンタクスと意味III』くろしお出版, pp.3-356.

마스오카 다카시(益岡隆志, 1991)『モダリティの文法』くろしお出版, pp.1-232.

마스오카 다카시(益岡隆志)・다쿠보 유키노리(田窪行則, 1992)『モダリティの文法』くろしお出版, pp.1-251.

스즈키 가즈히코 감수(鈴木一彦 監修, 2007)「第5章 文法(1) 品詞論・敬語論」『概説日本語学』明治書院, pp.149-167.

시미즈 요시아키(清水義昭, 2002)「第4章 文法・文体」『概説日本語学・日本語教育』おうふう, pp.43-59.

아키모토 미하루(秋元美晴, 2002)『よくわかる語彙』アルク, pp.3-199.

오기노 쓰나오(荻野綱男, 2007)「各論 文法」『現代日本語学入門』明治書院, pp.74-99.

윤상실・윤호숙・황광길(2004)「제4장 문법 I」『일본어학의 이해』J&C, pp.89-129.

이향란(2010)「6 문법론」『일본어학개론』어문학사, pp.140-200.

전성용(2003)「제4장 문법」『일어학개론』J&C, pp.97-129.

정의상・정일영(2006)『귀로 쏙쏙 일본어문법』, 다락원, pp.4-391.

정현혁(2012)「제6장 문법 I」『일본어학의 이해』인문사, pp.145-178.

천호재(2015)『일본어의 態voice와 복문』역락, pp.15-492.

후루타 도사쿠(古田東朔, 1987)「第5章 文法」『新日本語概説』くろしお出版, pp.67-91.

후루타 도사쿠(古田東朔, 1994)「11-「は」と「が」」『改訂版 日本語学概論』放送大学教育振興会, pp.137-149.

후루타 도사쿠(古田東朔, 1994)「12-日本語の品詞」『改訂版 日本語学概論』放送大学教育振興会, pp.151-156.

제6장

〈제6장의 키워드〉
1 문장(文)의 기능
2 문장(文)의 종류
2.1 단문
2.1.1 문장 구성에 의한 분류
2.1.2 술어의 품사에 의한 분류
2.1.3 발화 목적에 의한 분류
2.1.4 문법 카테고리에 의한 분류
2.1.5 시제와 상에 의한 분류
2.1.6 서법에 의한 분류
2.1.7 경어에 의한 분류
2.2 복문
3 요약
제6장의 참고문헌

제6장

일본어 문법(II)

〈제6장의 키워드〉

문장(文, ぶん), 단문(単文, たんぶん), 일어문(一語文, いちごぶん), 술어문(述語文, じゅつごぶん), 명사술어문(名詞述語文, めいしじゅつごぶん), 동사술어문(動詞述語文, どうしじゅつごぶん), 형용사술어문(形容詞述語文, けいようしじゅつごぶん)・형용동사술어문(形容動詞述語文, けいようどうしじゅつごぶん), 평서문(平叙文, へいじょぶん), 의문문(疑問文, ぎもんぶん), 작용문(働きかけ文, はたらきかけぶん), 태(態, たい), 수동문(受身文, うけみぶん), 직접수동문(直接受身文, ちょくせつうけみぶん), 간접수동(間接受身文, かんせつうけみぶん/ 迷惑受身文, めいわくうけみぶん), 사역문(使役文, しえきぶん), 강제사역(強制使役, きょうせいしえき), 허용사역(許容使役, きょようしえきぶん), 자동사문(自動詞文, じどうしぶん)・타동사문(他動詞文, たどうしぶん), 상호문(相互文, そうごぶん), 재귀문(再帰文, さいきぶん), 가능문(可能文, かのうぶん), 희망문(希望文, きぼうぶん), 자발문(自発文, じはつぶん), ~てある문(てある文), 시제(時制, じせい/テンス), 상(相, そう/アスペクト), 서법(叙法, じょほう/ムード, モダリティー), 확언(確言, かくげん), 명령(命令, めいれい), 금지(禁止, きんし), 허가(許可, きょか), 의뢰(依頼, いらい), 당위(当為, とうい), 충고(忠告, ちゅうこく), 의지(意志, いし), 권유(勧誘, かんゆう), 희망(希望, きぼう), 확언 보류(概言, がいげん/推量, すいりょう), 설명(説明, せつめい), 경어 표현(敬語表現, けいごひょうげん), 존경어(尊敬語, そんけいご), 겸양어(謙譲語, けんじょうご), 정중어(丁寧語, ていねいご), 미화어(美化語, びかご), 복문(複文, ふくぶん), 절(節, せつ), 주절(主節, しゅせつ), 접속절(接続節, せつぞくせつ), 종속절(従属節, じゅうぞくせつ), 병렬절(並列節, へいれつせつ), 보충절(補足節, ほそくせつ), 부사절(副詞節, ふくしせつ)・연용절(連用節, れんようせつ), 연체절(連体節, れんたいせつ)

1 문장(文)의 기능

제5장에서는 단어가 일본어 고유의 문법규칙을 통해서 문장으로 조합되는 그 이면에 단어의 품사적 기능이 작동하고 있음을 알 수 있었다. 즉, 특정한 품사적 기능이 부여된 단어가 다른 품사적 기능이 부여된 단어와 조합함으로써 문장이라는 단위가 얻어지는 것이다. 그러나 문장 단위에서 보면 이러한 단어의 품사적 기능보다 한 차원 높은, 즉 단일한 사건이나 상태를 묘사하는 데에 더 관심이 두어진다고 할 수 있다. 예를 들어 昨日花子とデパートで買い物をしました로 말하면, 昨日-花子-と-デパート-で-買い物-を-し-まし-た에 나열된 복수의 단어가 결합한 총체적 의미 "어제 하나코와 백화점에서 쇼핑을 했습니다."라는 하나의 사건에 주안점이 두어진다.

2 문장(文)의 종류

문장(文)은 단문(単文)과 복문(複文)으로 나뉘는데, 단문은 하나의 술어로 구성된 문장을 말하며, 복문은 복수의 술어로 구성된 문장을 말한다. 이하 단문과 복문을 설명하기로 한다.

2.1 단문

2.1.1 문장 구성에 의한 분류

문장은 미분화문으로 구성된 것과 분화문으로 구성된 것이 있다. 미분화문으로는 일어문(一語文)을, 분화문으로는 술어문(述語文)을 들 수

있다. 일어문(一語文)은 하나의 단어만으로 성립된 문장이다. 예를 들어 「痛い!」, 「泥棒!」, 「危ないっ!」을 들 수 있다. 분화문은 주어와 술어로 구성된 문장이다. 술어는 사람, 사물의 상태, 존재, 성질, 움직임을 나타내는 기능을 한다. 주어는 술어의 주체를 가리킨다. 분화문을 예로 들면 「日本軍が町を破壊した」「猫がねずみを追っかけている」「小説を読んだ」 등을 들 수 있다.

2.1.2 술어의 품사에 의한 분류

문장은 술어의 품사에 주목하여 명사술어문(名詞述語文), 동사술어문(動詞述語文), 형용사술어문(形容詞述語文)・형용동사술어문(形容動詞述語文)으로 분류된다. 명사술어문이란 문장의 술어가 명사인 문장을 말한다. 예를 들어 青木さんは美人です/ 鈴木さんは会社員です를 들 수 있다. 동사술어문이란 문장의 술어가 동사인 문장을 말한다. 예를 들어「猫はよく眠る」「馬はよく走る」「ビーバーはダムを作る」 등의 예가 그것이다. 형용사술어문(形容詞述語文)・형용동사술어문(形容動詞述語文)이란 문장의 술어가 형용사(형용동사)인 문장을 말한다. 「日本の冬はとても寒いです」「鈴木さんは親切です」 등을 예로 들 수 있다.

2.1.3 발화 목적에 의한 분류

문장은 화자의 발화 목적에 따라 평서문(平叙文), 의문문(疑問文), 작용문(働きかけ文)으로 분류된다.

① 평서문(平叙文): 상대방에게 특정한 정보(생각, 사실 등)를 전달하는 문장이다. 서술문(叙述文), 단정문(断定文), 진술문(陳述文)이라고도 한다.

ex1)前は, 池袋の近くに住んでいましたが, 去年新宿に引っ越してきました。

ex2)日本料理の動画を見ています。

ex3)私はパンを作るのに興味があります。

ex4)家の近くにおいしいパン屋があります。

ex5)聞き取りの練習には日本映画やドラマが役に立つと思いますよ。

② 의문문(疑問文): 상대방에게 정보를 요구하기 위해 사용하는 문장이다. 일본어에는 다양한 의문 종조사가 있으며, 종조사가 없을 때는 문장 끝을 올리면 된다.

ex1)堀田先生, 韓国の生活にはもう慣れましたか。

ex2)田中さん, 大丈夫ですか?

ex3)ママ, 今日も暑いかな?

ex4)どなたが野田さんです?

ex5)今日も暑いかしら?

ex6)今日も学校の授業サボったの?

③ 작용문(働きかけ文): 화자가 상대방에게 무엇인가를 요구하는 문장이다.

ex1)大分疲れたでしょう。早く帰りましょう。

ex2)次の質問に簡単に答えなさい。

ex3)街を歩きながら, たばこを吸うなよ。

ex4)映画を見ながら, ケータイを見ないでください。

2.1.4 문법 카테고리에 의한 분류

술어의 문법 카테고리별로 나눈 것 중에서 우선 태(態, voice)의 개념으로 분류된 문장이 있다. 태란 사건(상태)을 어느 시점에 중점을 두고 표현하는가를 문제시하는 문법 개념이다. 태에 해당하는 문장으로 수동문(受身文), 사역문(使役文), 자동사문(自動詞文)과 타동사문(他動詞文), 상호문(相互文), 재귀문(再帰文), 가능문(可能文), 희망문(希望文), 자발문(自発文), 수수문(授受文), てある문을 들 수 있다.

① 수동문(受身文): 주어(의 소유물)가 어떤 동작이나 작용을 받는 것을 묘사하는 문장이다. 직접수동문(直接受身文, 주어가 직접적으로 영향을 받는 것을 묘사하는 문장)과 간접수동문(間接受身文, 주어가 간접적으로 영향을 받는 것을 묘사하는 문장)이 있다.

ex1,직접수동문) ねずみが猫に追っかけられている。

ex2,간접수동문) 太郎は泥棒に財布を盗まれた。

② 사역문(使役文): 시키는 사람(사역주, 使役主)이 피사역주(被使役主)에게 어떤 행위를 야기시키는 것을 묘사하는 문장이다. 사역주의 의지성의 유무에 따라 사역은 강제, 허용(방임), 후회(절망)로 분류된다.

ex1,강제사역(強制使役))教師が学生をそばに来させた。

ex2,허용사역(許容使役))母親が娘を夜遅くまで公園で遊ばせた。

ex3,후회(절망))その母親は息子を戦争で死なせた。

③ 자동사문(自動詞文)과 타동사문(他動詞文): 자동사는 주어의 상태 변화를 묘사하는 문장이다. 타동사문은 주어가 목적어에 영향을 끼치는 것을 묘사하는 문장이다.

ex1) 자동사문 - 蝋燭が消えた。

ex2) 타동사문 - 太郎が蝋燭を消した。

④ 상호문(相互文): 행위(상태)의 결과가 주어와 목적어(と격 목적어) 쌍방에 남는 것을 묘사하는 문장이다.

ex1)フランスはドイツととなりあっている。

ex2)太郎は二郎と喧嘩した。

⑤ 재귀문(再帰文): 주어가 행한 행위가 주어에게 재차 귀속되는 것을 묘사하는 문장이다.

ex1)太郎は帽子を被った。

ex2)二郎はシャワーを浴びた。

⑥ 가능문(可能文): 주어의 능력을 묘사하는 문장이다.

ex)太郎はロシア語が話せる。

⑦ 희망문(希望文): 주어의 희망을 묘사하는 문장이다.

ex)今度の夏休みにはアメリカに行きたいです。

⑧ 자발문(自発文): 주어의 상태변화가 저절로 일어나는 것을 묘사하는 문장이다.

ex1)扉がひとりでに開いた。

ex2)太郎に故郷がしのばれる。

⑨ 수수문(授受文): 물건이나 행위를 주고받는 것을 묘사하는 문장이다. 물건을 주고 받는 동사로는 やる(あげる, さしあげる), くれる

(くださる), もらう(いただく)가 있고 행위를 주고받는 동사(보조동사)로는 ~てやる(あげる, さしあげる), ~てくれる(くださる), ~てもらう(いただく)가 있다.

ex1)母が花に水をやった。

ex2)私は田中さんに本をあげました。

ex3)去年のお中元には社長にコンニャクを差し上げました。

ex4)田中さんは(私の)弟にノートを1冊くれました(くださいました)。

ex5)妹は先生にチョコレートをもらいました(いただきました)。

ex6)僕は弟をバスターミナルまで送ってやった。

ex7)私は先生の息子さんをバスターミナルまで送ってあげました(送ってさしあげました)。

ex8)花子さんは私を手伝ってくれました(手伝ってくださいました)。

ex9)私は先生に英語の本を貸してもらいました(貸していただきました)。

⑩ ~てある문: 타동사의 음편형(て형)에 보조동사 ある가 결합하여 주어의 상태변화를 묘사하는 문장이다.

ex1)타동사문 - 太郎が壁に落書きを描いた。

ex2)てある문 - 壁に落書きが描いてある。

2.1.5 시제와 상에 의한 분류

술어의 문법 카테고리별로 나눈 것 중에서 시제(時制, テンス)와 상(相, アスペクト)의 개념으로 분류된 문장이 있다.

①시제(時制, テンス): 술어의 기본형은 현재와 미래를 묘사한다. 술어의 과거형은 과거와 상대시제를 나타낸다.

ex1)机の上に本があります。(현재)

ex2)今から夕食を食べます。(미래)

ex3)先週の日曜日にコンサートが行われました。(과거)

ex4)明日いらした方には, サインボールをあげます。(상대시제)

②상(相, アスペクト): 동작의 특정 국면(시작, 진행, 종료, 종료 후의 결과)을 묘사하는 문장이다.

ex1)突然, 雨が降りだしました。(시작)

ex2)花子はサンルームで小説を読んでいる。(진행)

ex3)やっと, 本を読み終えた。(종료)

ex4)黒板に落書きが書いてある。(종료 후의 결과)

①

②

③

④

⑤

⑥

사진에서 보듯 모든 삼라만상은 시작, 진행, 종료, 종료 후의 결과라는 특정 국면을 내포한다. 사진은 그 중의 하나인 특정 국면을 포착할 뿐이다. ①은 잉어들이 개천에서 노니는 모습, 즉 진행의 국면을 포착한 것이다. ⑤ 역시 파도가 이는 진행의 국면을 포착한 것이라고 할 수 있다. ②는 상의 개념이 우리의 일상 속에서 얼마나 중요한지를 보여주는 좋은 예이다. ③은 눈 내린 뒤의 모습과 ④는 예술 행위 후의 결과를 포착한 것이다. ⑥은 시작(진행)의 국면을 포착한 것이다(사진은 모두 본 저자가 촬영한 것이다.).

2.1.6 서법에 의한 분류

술어의 문법 카테고리별로 나눈 것 중에서 서법(叙法, ムード)의 개념으로 분류된 문장이 있다. 서법이란 특정한 사건이나 상대에 대한 화자의 주관적 태도를 묘사하는 기능을 가진다. 확언(確言), 명령(命令), 금지(禁止), 허가(許可), 의뢰(依頼), 당위(当為), 충고(忠告), 의지(意志), 권유(勧誘), 희망(願望), 확언 보류(概言, 推量), 설명(説明), 비유(比況) 등이 있다.

① 확언(確言): 어떤 사건이나 상태를 단정형의 문말 표현으로 사용하는 것.

ex1)海が見える。

ex2)今日は創立記念日だ。

ex3)あの星はよく見える。

ex4)昨日は寒かった。

② 명령(命令): 문말에 명령형의 표현을 사용하는 것.

ex1)スピードを落とせ。

ex2)早く起きなさい。

③ 금지(禁止): 상대방의 행위를 금지하는 문말 표현을 사용하는 것.

ex1)もう二度と来るなよ。

ex2)もう二度と来ないでください。

ex3)高校生はお酒を飲んではいけません。

④ 허가(許可): 상대방의 행위를 허가하는 것.

ex1)ここでは煙草を吸ってもいいです。

ex2)すこし遅れてもかまいません。

⑤ 의뢰(依頼): 상대방에게 특정한 행위를 의뢰(부탁)하는 것.

ex1)ジュースを飲んでください。

ex2)お金, 貸してもらいますか。

⑥ 당위(当為): 당연히 해야 할 일, 즉 의무를 나타내는 표현이다.

ex)学生はもっと勉強しなければなりません。毎日運動をしなくてはなりません。

⑦ 충고(忠告): 상대방에게 바람직하다고 생각되는 의견을 제시하는 것.

ex)早くお医者さんに行ったほうがいいですね。

⑧ 의지(意志): 화자 자신의 의지를 상대방에게 드러내는 것.

ex)もう二度と来るまい。今日の昼ご飯は何にしようかな。

⑨ 권유(勧誘): 상대방에게 특정한 행동을 함께 하자고 제안하는 것.

ex)今晩, 帰りにお酒でも一杯飲みましょう。

⑩ 희망(願望·希望): 자신의 바람을 상대방에게 전달하는 것.

ex)のどが乾いたので, 水が飲みたいです。

⑪ 확언 보류(概言, 推量): 어떤 사건이나 상태를 단정형이 아닌 문말 표현을 사용하는 것이다.

ex1)明日の午後は晴れましょう。

ex2)太郎は明日の試合で必ず勝つと思う。

ex3)明日は晴れるでしょう。

ex4)そんなことはあるまい。

ex5)北日本に近づいてくるかもしれない。

ex6)ひどく怒っているに違いない。

ex7)早ければ今夜から雨が降り始めるところもありそうです。

ex8)気温と湿度が上がると本能的に, 衝動的に行動する人が多くなるようです。

ex9)北海道はだいぶ寒いらしいですね。

ex10)北海道は雪が降っているそうです。

⑫ 설명(説明): 청자에게 화자가 어떤 사건이나 상태를 설명하는 것이다.

ex1)田中先生がお帰りになったところです。

ex2)いや, 今日は来ないはずです。

ex3)その以前に, 彼はすでに出家していたことになる。

ex4)その方が楽なわけだ。

ex5)早く先生に推薦状を書いていただくことです。

ex6)男は泣かないものだ。

ex7)あれは子供が母を殺したのです。

2.1.7 경어에 의한 분류

경어 표현(敬語表現, honorific)이라는 문법 범주가 있다. 경어 표현이란 대화 주체들이나 화제 중의 인물간의 사회적 관계(친소관계, 親疎関係)와 태도(대우 또는 비대우)를 나타내는 언어 표현이다. 일반적으로 존경어(尊敬語), 겸양어(謙譲語), 정중어(丁寧語), 미화어(美化語)가 들어간 문장으로 분류된다.

① 존경어(尊敬語) - 상대나 제3자의 동작 또는 상태를 높이는 말이다.

ex1)お待ちになる/ ご利用になる/ 待たれる/ ご案内される/ お待ちです/若い→お若い

ex2)いる·行く·来る→いらっしゃる/ 見る→ご覧になる/ 食べる→召上る

② 겸양어(謙譲語) - 동작 주체를 낮춤으로써 결과적으로 상대나 제3자에 대해 경의를 표하는 말이다.

ex1)お待ちする/ ご案内する/ ご相談する

ex2)行く·来る→参る/ 見る→拝見する/ 食べる·飲む→いただく/ する→いたす/ 言う→申し上げる

③ 정중어(丁寧語) - 화자가 상대(청자)에게 공손함을 나타내기 위해 쓰는 말이다.

ex)来る→来ます/ 来た→来ました/ 来ない→来ません/ 来な

かった→来ませんでした/ 学生だ→学生です/ 学生だった→学生でした/ 学生ではない→学生ではありません/ 来よう→来ましょう

④ 미화어(美化語) - 말하는 주체, 즉 화자의 품위를 유지하기 위해 사용하는 말이다.

ex1)水→お水/ 茶→お茶/ 友達→お友達/ 友人→ご友人

ex2)便所→トイレ/ 飯→ご飯/ 腹→お腹

2.2 복문

단문(単文)은 *母が重いかばんを運んだ*와 같이 단일한 술어(運ぶ)를 지니는 문장을 말한다. 이에 반해 복문(複文)은 *母が重いかばんを軽々と運んだので, 父は驚いた*와 같이 복수의 술어(運ぶ와 驚く)를 지니는 문장을 일컫는다. 복문을 구성하는 *母が重いかばんを軽々と運んだ*와 *父は驚いた*를 각각 절(節, clause)이라고 한다. ので 이하의 문장, 즉 *父は驚いた*를 주절(主節)이라고 하며, ので 앞의 문장, 즉 *母が重いかばんを軽々と運んだ*를 접속절(接続節)이라고 한다. 접속설은 나시 종속절(従属節)과 병렬절(並列節)로 구분된다. 먼저 종속절부터 보도록 하자. *母が重いかばんを軽々と運んだので, 父は驚いた*에서 *母が重いかばんを軽々と運んだ*가 *父は驚いた*라는 사건을 야기한 이유가 되므로 *母が重いかばんを軽々と運んだ*는 종속절이 된다. 즉 놀라서 무거운 가방을 든 것이 아니라 무거운 가방을 들어서 놀랐기 때문에 무거운 가방을 든 것이 의미적으로 주절에 종속적이 되는 것이다. 병렬절은 주절과 의미적으로 대등한 관계를 유지한다. 花子が詩を書き, 二郎が絵を描いたは 병렬절의 전형적인 예이다. 花子が詩を書き, 二郎が絵を描いた를 二郎が絵を描き, 花子が詩を書いた로 앞 뒤 문장을 바꾸어도 의미 전달에 하등의 지장이 생기지 않는다.

접속절은 이미 언급한 바와 같이 종속절과 병렬절로 나뉜다. 종속절은 다시 보충절(補足節, 명사절(名詞節)이라고도 한다), 부사절(副詞節, 연용절(連用節)이라고도 한다), 연체절(連体節)로 나뉜다.

보충절(補足節)은 술어를 의미를 보충(보강)하는 기능을 한다. 木村はパソコンの調子が悪いことに気づいた로 말하자면, 독자는 형식명사 こと를 통해 주어 木村가 구체적으로 무엇을 알아 차렸는지를 알 수 있다. 즉 こと가 술어의 의미를 구체적으로 보충해 주기 때문이다.

부사절(副詞節, 연용절(連用節)이라고도 한다)은 술어를 수식하거나 문장 전체를 수식하는 기능을 지닌다. うちの息子は, いつもケイタイを見ながらご飯を食べる를 うちの息子はご飯を食べる로 바꾸어 작성하면 문장의 적격도는 다소 떨어지지만 그래도 문법적인 문장으로서의 요건은 갖추고 있다. 그러나 밥은 누구나 먹는 것이며, 먹는 것 그 자체가 특이한 일이 아니기 때문에 먹는 행위에 동반하여 특징적인 그 무엇인가(주어의 특이한 행태)를 묘사할 필요성이 생긴다. 그래서 うちの息子はいつもケイタイを見ながらご飯を食べる라고 말함으로써 밥을 먹는 동작에 따른 특이성이 표출되는 것이다.

연체절(連体節)은 체언 앞에 문장 단위의 절이 들어간 것을 말한다. 예를 들면 花子が描いた絵をもらった를 보면, 花子が描いた라는 절이 명사 絵를 수식하는 것을 볼 수 있다. 명사를 수식하는 절을 연체

절이라고 하며 수식을 받는 명사 絵를 피수식명사라고 한다.

3 요약

문장은 하나 혹은 두 개의 사건(상태)을 기술하는 문법 단위이다. 한 개의 사건(상태)을 나타내는 문장을 단문이라고 하며, 두 개(두 개 이상)의 사건(상태)을 나타내는 문장을 복문이라고 한다. 먼저 단문부터 보면 문장은 분화문이냐 아니냐에 따라 일어문과 술어문으로 나뉜다. 술어의 품사에 따라 문장은 명사술어문, 동사술어문, 형용사술어문·형용동사술어문으로 나뉜다. 발화 목적에 따라 문장은 평서문, 의문문, 작용문으로 나뉜다. 문법(태) 카테고리에 따라 문장은 수동문, 사역문, 자동사문·타동사문, 상호문, 재귀문, 가능문, 희망문, 자발문, 수수문, ~てある문으로 나뉜다. 시제와 상에 따라 문장은 현재, 미래, 과거, 상대시제와 동작의 특정 국면(시작, 진행, 종료후의 결과)을 나타내기도 한다. 서법에 따라 문장은 확언, 명령, 금지, 허가, 의뢰, 당위, 충고, 의지, 권유, 희망, 확언 보류, 설명으로 나뉜다. 경어는 존경어, 겸양어, 정중어, 미화어가 들어간 문장으로 나뉜다.

복문은 접속절과 주절로 나뉜다. 접속절은 다시 종속절과 병렬절로 구분된다. 종속절은 의미적으로 주절에 종속되는 반면, 병렬절은 주절과 의미적으로 대등한 관계를 유지한다. 종속절은 보충절(명사절이라고도 한다), 부사절(연용절이라고도 한다), 연체절로 나뉜다.

〈제6장의 참고문헌〉

가토 아키히코 편(加藤彰彦編, 1990)「第5章 文法」『日本語概説』桜楓社, pp.107-185.

구도 마유미(工藤真由美, 1997)『アスペクト・テンス体系とテクスト』ひつじ書房, pp.1-317.

기타하라 야스오 편자(北原保雄 編者, 1996)「第五章 文法」『概説日本語』朝倉書店, pp.78-100.

김공칠(金公七, 1994)「제4장 文法」『日語学概論』時事日本語社, pp.106-177.

노다 히사시etc(野田尚史, 2002)『複文と談話』岩波書店, pp.3-227.

닛타 요시오(仁田義雄, 1995a)『複文の研究(上)』くろしお出版, pp.1-263.

닛타 요시오(仁田義雄, 1995b)『複文の研究(下)』くろしお出版, pp.265-509.

다카미자와 하지메 감수(高見沢孟監修, 2004)「第3章 文法」『日本語教育1』語文学社, pp.45-116.

데라무라 히데오(寺村秀夫, 1992)「第3章 態-格の移動と述語の形態との相関」『日本語のシンタクスと意味 I』くろしお出版, pp.205-326.

데라무라 히데오(寺村秀夫, 1992)「第6章 概言の文と説明の文-二次的ムードの助動詞」『日本語のシンタクスと意味II』くろしお出版, pp.219-309.

마스오카 다카시(益岡隆志, 1991)『モダリティの文法』くろしお出版, pp.1-232.

마스오카 다카시(益岡隆志)・다쿠보 유키노리(田窪行則, 1992)『基礎日本語文法-改訂版』くろしお出版, pp.1-251.

마스오카 다카시(益岡隆志, 1993)『日本語の条件表現』くろしお出版, pp.1-303.

마스오카 다카시(益岡隆志, 1997)『複文』くろしお出版, pp.1-206.

마에다 나오코(前田直子, 2009)『日本語の複文』くろしお出版, pp.1-276.

무라키 신지로(村木新次郎, 1991)「ヴォイスのカテゴリーと文構造のレベル」『日本語のヴォイスと他動性』くろしお出版, pp.1-30.

모리야마 다쿠로 외(森山卓郎, 2000)『モダリティ』岩波書店, pp.3-246.

미야자키 가즈히토 외(宮崎和人, 2002)『モダリティ』くろしお出版, pp.1-325.

쓰노다 미에(角田三枝, 2004)『日本語の節・文の連接とモダリティ』くろしお出版, pp.1-225.

스즈키 가즈히코 감수(鈴木一彦 監修, 2007) 「第6章 文法II」『概説日本語学』明治書院, pp.169-188.
시미즈 요시아키(清水義昭, 2002) 「第4章 文法・文体」『概説日本語学・日本語教育』おうふう, pp.43-59.
오기노 쓰나오(荻野綱男, 2007) 「各論-文法」『現代日本語学入門』明治書院, pp.74-99.
윤상실・윤호숙・황광길(2004) 「제5장 문법 II」『일본어학의 이해』J&C, pp.133-151.
이향란(2010) 「6. 文法論」『일본어학개론』어문학사, pp.140-200.
전성용(2003) 「제4장 문법」『일어학개론』J&C, pp.97-129.
정현혁(2012) 「제6장 문법 II」『일본어학의 이해』인문사, pp.179-204.
정의상・정일영(2006) 『귀로 쏙쏙 일본어문법』다락원, pp.4-391.
천호재(2015) 『일본어의 態와 복문』역락, pp.15-492.
후루타 도사쿠(古田東朔,1987) 「第5章 文法」『新日本語概説』くろしお出版, pp.67-91.
후루타 도사쿠(古田東朔,1994) 「14-日本語の文章・文体」『改訂版 日本語学概論』放送大学教育振興会, pp.175-185.

제7장

〈제7장의 키워드〉

1 문장(文章)과 담화(談話)
2 문장(文章)의 구조 및 종류
3 문체의 정의
3.1 표현 의도에 따른 분류
3.2 음성언어와 문자언어에 따른 분류
3.3 문어체 내의 분류
3.3.1 한문체(漢文体)
3.3.2 기록체(記録体)
3.3.3 선명체(宣命体)
3.3.4 일한혼합체(和漢混淆体)
3.3.5 일문체(和文体)
3.3.6 아문체(雅文体)
3.3.7 후문체(候文体)
4 요약
제7장의 참고문헌

제7장

일본어의 문장과 문체

〈제7장의 키워드〉

문장(文章, ぶんしょう), 담화(談話, だんわ), 단락(段落, だんらく), 구문론(構文論, こうぶんろん), 문장론(文章論, ぶんしょうろん), 서론(序論, じょろん), 본론(本論, ほんろん), 결론(結論, けつろん), 시(詩, し), 가사(歌詞, かし), 수필(随筆, ずいひつ), 단편소설(短編小説, たんぺんしょうせつ), 장편소설(長編小説, ちょうへんしょうせつ), 시나리오(戯曲, ぎきょく), 편지(手紙, てがみ), 사설(社説, しゃせつ), 보고문(報告文, ほうこくぶん), 계약서(契約書, けいやくしょ), 광고문(広告文, こうこくぶん), 기록문(記録文, きろくぶん), 리포트(レポート·課題, かだい), 논문(論文, ろんぶん), 책(本, ほん), 문체(文体, ぶんたい), 문체론(文体論, ぶんたいろん), 예술적 문체(芸術的文体, げいじゅつてきぶんたい), 실용적 문체(実用的文体, じつようてきぶんたい), 구어체(口語体, こうごたい), 문어체(文語体, ぶんごたい), 한문체(漢文体, かんぶんたい), 기록체(記録体, きろくたい), 선명체(宣命体, せんみょうたい), 일한혼합체(和漢混淆体, わかんこんこうたい), 일문체(和文体, わぶんたい), 아문체(雅文体, がぶんたい), 후문체(候文体, そうろうぶんたい)

1 문장(文章)과 담화(談話)

다음의 글은 어느 취업지망자가 博報堂에 지망하게 된 동기를 적은 것이다.

博報堂の志望動機

①『生活者ドリブンマーケティング』を追求する貴社において、広告を通じて企業と消費者の幸せなマッチングを創り出したいです。
②マーケティングに興味があり、大学時代はベンチャー企業のインターンでwebマーケティングを担当しました。③キーワード広告の出稿表現を変えただけで、反応率が格段にあがり、売上を2.5倍に伸ばす事ができ、「モノの良さを的確に伝えること」の重要性を感じました。④この時から、企業の「モノ」「サービス」の素晴らしさを的確に伝え、企業と消費者の幸せなマッチングを創り出せる広告の仕事に興味を持ちました。⑤広告業界の中でも、貴社は『生活者ドリブンマーケティング』を理念に、ビッグデータを活用し、『生活者に最も響く広告』を追求しておられます。⑥また、インターネットのメディア制作領域にも力を入れておられます。
⑦貴社でなら、豊富なデータを活かし、ユーザーに最も響く広告を追求していけるのではないかと感じ、貴社を志望しております。

위의 문장은 모두 7개의 문장(sentence)으로 구성되었다. ⑥은 단문이고, 나머지 ①~⑤와 ⑦은 복문이다. 그리고 두 개의 단락(段落, paragraph), 즉 ①, ②~⑥, ⑦로 구성되었다. 상기한 지망동기문에는 단음(음소), 단어, 문절, 문장(文, sentence)이 들어 있지만, 글을 쓴 사람이나 독자는 하나의 완결된 생각의 덩어리(지원동기)에만 관심을 둘 것이다. 이와 같이 복수의 문장(文)이 결합하여 하나의 완결된 내용을 구현해 내는 단위를 문장(文章)이라고 한다. 단어가 어떻게 조합을 하여 문장으로 실현되는지를 연구하는 분야를 구문론(構文論, syntax)이라고 한다면 문장(sentence)이 어떠한 규칙에 따라서 문장(文章)이 만들어지는지를 연구하는 분야를 문장론(文章論)이라고 한다. 문장(文章)은 언어학(일본어학)에서 취급하는 언어 단위 중에서 가장 큰 단위가 된다. 구체적으로 말하면 문장론에서는 문장의 성질, 구조, 문장(文)과 문장(文)의 의미관계를 분석한다.

한편 상기한 지원동기는 구두, 즉 음성언어로도 전달이 가능하다. 당연히 구두로 전달되는 음성언어 안에도 단음(음소), 단어, 문절, 문장(文)이 들어 있으며, 청자나 화자는 복수의 문장(文)이 결합하여 이루어진 하나의 완결된 내용에만 관심을 둘 것이다. 이러한 음성언어적 단위를 담화(談話, discourse)라고 한다. 담화의 종류로는 화자의 독화, 대화, 회화 등이 있으며 독화를 제외하고 반드시 대면을 통해 이루어진다는 점에서(청자가 존재한다는 점에서) 그렇지 않은 문장과는 구별된다. 그러나 이하에서는 문장(文章)과 담화(談話)를 구별하지 않고 문장(文章)으로 통칭한다.

2 문장(文章)의 구조 및 종류

문장(文章)은 서론(序論, introduction) - 본론(本論, main subject) - 결론(結論,

conclusion)으로 구성된다. 서론은 화자의 생각(주장)을 예고하는 부분이다. 앞에서 제시한 지원동기문에서 ①이 서론에 해당한다고 할 수 있다. 본론은 화자의 생각(주장, 지원동기)을 뒷받침 해주는 근거를 제시하는 부분인데, ②~⑥이 본론에 해당한다고 할 수 있다. 결론은 서론에서 제시한 화자의 생각(주장, 지원동기)을 독자들(청중들)에게 상기 혹은 각인시켜주는 부분이다. ⑦이 바로 결론에 해당하는 부분이다. 서론에서 제시한 화자의 생각(주장)은 본론을 거쳐 결론에 이르기까지 일관되게 펼쳐져야 한다. 그리고 본론에서 제시한 근거는 객관적 사실에 입각하여 합당하게 제시되어야 한다.

문장은 길이와 목적에 따라 여러 가지 종류로 나뉜다. 예를 들어 시(詩), 노래 가사(歌詞), 수필(随筆), 단편소설(短編小説), 장편소설(長編小説), 시나리오(戯曲), 편지(手紙), 메일(メール), 사설(社説), 보고문(報告文), 계약서(契約書), 광고문(広告文), 기록문(記録文), 리포트(レポート・課題), 논문(論文), 책(本) 등이 있다.

3 문체의 정의

사람마다 손의 지문이 다르듯이, 각자가 쓴 문장에도 고유의 지문 같은 것이 있다. 나무가 종류나 수령에 따라 결이 다르듯이, 사람들이 쓴 문장이나 말, 그리고 문장의 종류별로 저마다 독특한 결이 있다. 독특한 결이란 어투나 특정한 단어 선택 같은 것이다. 이와 같이 문장의 종류마다 서로 다르게 느껴지는 독특한 결을 문체(文体, style)라고 한다. 문체를 연구하는 분야를 문체론(文体論, stylistics)이라고 한다. 문체는 개인마다 다르며, 남성이 쓴 글이냐, 여성이 쓴 글이냐, 어떤 의도를 지니고 쓰여졌느냐, 어느 집단에 속한 사람이 쓴 글이냐, 어느 시대에 쓰여졌느냐에 따라서도 제각기 다르다. 문체는 다시 단어의 문체적 성질, 문장(文)의 문체적 성질, 문장(文章)의 문체적 성질로 나뉜다. 그러나 본서에서는 서로 구별하지 않고 모두 문장(文章)의 문체적 성질로 일괄한다.

3.1 표현 의도에 따른 분류

문체는 표현 의도에 따라 예술적인 문체와 실용적인 문체로 나뉜다. 먼저 예술적 문체(芸術的文体)란 예술성을 추구하기 위해 사용된 문체를 말한다. 그 예로 소설(小説), 시(詩), 문학수필(文学随筆), 기행문(紀行文) 등을 들 수 있다. 실용적 문체(実用的文体)란 실용성을 추구하기 위해 사용된 문체이다. 예를 들면 설명문(説明文), 기록・보고문(記録・報告文), 광고문(広告文), 편지(手紙), 엽서(葉書) 등이 있다. 다음의 문장은 광고문을 예시한 것이다.

~夏の新メニュー登場~

スパゲッティ・ポモドーロ　¥780
ウニとトマトの冷製カッペリーに　¥880
アンダルシア風ガスパチョ　¥580
アイスカフェ・マキアート　¥380

春のランチセットは6月から夏のランチセットとして
さらにバージョンアップしてご提供します。
パスタハウス　真っ赤なトマト

3.2 음성언어와 문자언어에 따른 분류

문체는 문장이 음성언어 스타일(말하거나 듣는 스타일)이냐 문자언어 스타일(쓰거나 읽는 스타일)이냐에 따라 구어체(話し言葉, spoken language)와 문어체(書き言葉, written language)로 나뉜다. 구어체는 일상의 회화를 비롯하여 그것을 그대로 문자화한 것도 포함된다. 접객, 부탁, 의뢰, 거절, 사과, 권유, 교통 안내, 인터뷰, 잡담, 회의, 설명, 프레젠테이션, 면접 등은 대부분 구어체로 이루어진다고 할 수 있다. 구어체의 특징으로는 예를 들어 間に合った。なんで? 와 같이 문장이 비교적 짧다. 無茶速いな, あなた와 같이 도치를 사용함으로써 문장 순서가 정상이지 않는 경우가 많다. 泣くな, 泣くな와 같이 같은 문장이나 단어를 반복하는 경향이 높으며, あ~もうなに言わせるのよ와 같이 생략(여기에서는 목적어, なにを)이 많이 행해진다. 大阪人, みんながうるさいわけはないから…와 같이 주절을 말하지 않고 암시(言いさし)를 하기도 한다. これ, それ, あれ 등의 지시어를 많이 사용하며, です・ます와 같은 경어체나 だ와 같은 비경어체가 많이 사용된다. もううるさいな。かぐらさんもいるからつらいですよ와 같이 종조사가 많이 사용되며, わたし大阪におるときはぼっとしとるとかよく言われました에서 밑줄 친 부조사, ええ, すごいです와 같이 감동사, さ, ね와 같은 간투사도 많이 사용된다. しかもけっこうおいしそう와 같이 접속사도 많이 사용된다. 한어는 그다지 사용되지 않으며, 고어나 한문투의 말도 거의 사용되지 않는다. 후술할 문어체(文語体)는 구어체의 이러한 특징과 정반대되는 특징을 지닌다고 생각하면 된다.

3.3 문어체 내의 분류

문어체(文語体, literary style)의 종류로 한문체(漢文体), 기록체(記録体), 선명체(宣命体), 일한혼합체(和漢混淆体), 일문체(和文体), 아문체(雅文体), 후문체(候文体)가 있다. 이하 각각의 문체를 설명하겠다.

3.3.1 한문체(漢文体)

한문체(漢文体)이다. 한문체란 한문으로 작성된 문장을 말한다. 한문을 훈독한 어조로 모방한 문체도 이에 포함된다. 그 예로 聖徳太子의 17条憲法 중의 1条를 들 수 있다.

以和為貴 無忤為宗 人皆有黨 亦少達者 是以或不順君父 乍違于隣里 然上和下睦 諧於論事 則事理自通 何事不成

〈和を大事にすること。世の中には君子や父に逆らったり、人間関係が上手くいかないこともある。それでも、上下の身分に関係なくみんなと議論を行えば、自然と物事はうまく進むものです。調和をもってすれば、不可能なことなどありません。〉

3.3.2 기록체(記録体)

표면상으로는 한문체로 보이지만 한문체에는 없는 일본 고유의 문체나 어법이 상당수 들어가 있는 문체이다. 동감(東鑑, 가마쿠라 막부(鎌倉幕府)의 역사서)이 대표적인 예이다.

建久四年五月大二日丁卯。北条殿下向駿河国給。是為覧狩倉。可令赴彼国給。御旅舘已下事。仰伊豆駿河両州御家人等。狩野介相共可令沙汰給之由。含御旨。先以首途給云々。

<五月大二日丁卯。北条時政殿が駿河国へ行かれました。これは、巻狩の獲物の状態を見るために、頼朝様に命じられて、その国へ行かれたのです。お泊りになられる旅の舘などの事を、伊豆と駿河の両国の御家人達に命じられて、狩野介宗茂と共に準備するようにとのご意見を承知され、先に出発されたのだそうです。>

3.3.3 선명체(宣命体)

선명(宣命)이란 천황의 명령을 한자로 기록한 일본어 문체이다. 즉 표면상 한문체로 보이지만 일본어적인 요소가 강하게 들어가 있다. 용언의 활용 어미나 조사, 조동사를 나타내는 부분을 만엽가나(万葉仮名)로 작게 표기한 것이 특징이다.

〈원문〉

天皇 我 大命 良末等 宣 布 大命 乎

衆聞食 倍止 宣。

此 乃 天平勝宝九歳三月廿日

天 乃 賜 倍留 大 奈留

瑞 乎 頂 尓 受賜 波理

〈続日本紀(しょくにほんぎ)〉 중에서

〈釈文, 번역문〉

天皇(すめら)が大命(おほみこと)らまと宣(のりたま)ふ大命を

衆聞食(もろもろきこしめさ)へと宣(のる)。

此(こ)の天平勝宝九歳三月廿日

天(あめ)の賜(たま)へる大(おほい)なる

瑞(しるし)を頂(いただき)に受賜(うけたま)はり

3.3.4 일한혼합체(和漢混淆体)

일문의 요소와 한문의 요소가 혼합된 문체이다. 가마쿠라시대(鎌倉時代, 1185년-1333년) 이후의 군기물(軍記物, 전쟁을 소재로 한 문예)에 사용된 문체이다.

祇園精舎の鐘の声、諸行無常の響きあり。沙羅双樹の花の色,盛者必衰の理をあらはす。奢れる人も久からず、ただ春の夜の夢のごとし。猛き者も遂にはほろびぬ、偏ひとへに風の 前の塵に同じ。(平家物語・巻1)

3.3.5 일문체(和文体)

헤이안시대(平安時代)에 주로 여성들이 히라가나로 이야기(物語)나 일기(日記)를 쓴 것을 말한다. → 源氏物語(げんじものがたり)、竹取物語(たけとりものがたり)、徒然草(つれづれくさ)

〈원문〉

日も、いと長きに、つれづれなれば、夕暮れのいたう霞たるに紛れて、かの小柴垣のもとに たち出で給ふ。〈 源氏物語 〉의 본문 첫줄

〈번역〉

日もたいそう長く手持ち無沙汰なので、(光源氏は)夕暮れでひどく霞がかっているのに隠れて、あの小柴垣の所に出て来なさいます。

3.3.6 아문체(雅文体)

에도시대(江戸時代) 때의 일본학자(国学者)들이 시어를 많이 사용하고, 고상하며 유려하며 우아한 느낌이 나는 헤이안시대(平安時代)의 가나문체를 모방해서 쓴 문체를 말한다. 아래의 문장은 森鴎外의 작품 舞姫인데 아문체를 모방해서 쓴 전형적인 작품이다.

石炭をば早はや積み果てつ。中等室の卓つくゑのほとりはいと静にて、熾熱燈しねつとうの光の晴れがましきも徒いたづらなり。今宵は夜毎にこゝに集ひ来る骨牌カルタ仲間も「ホテル」に宿りて、舟に残れるは余一人ひとりのみなれば。

五年前いつとせまへの事なりしが、平生ひごろの望足りて、洋行の官命を蒙かうむり、このセイゴンの港まで来こし頃は、目に見るもの、耳に聞くもの、一つとして新あらたならぬはなく、筆に任せて書き記しるしつる紀行文日ごとに幾千言をかなしけむ、当時の新聞に載せられて、世の人にもてはやされしかど、今日けふになりておもへば、穉をさなき思想、身の程ほど知らぬ放言、さらぬも尋常よのつねの動植金石、さては風俗などをさへ珍しげにしるしゝを、心ある人はいかにか見けむ。こたびは途に上りしとき、日記にきものせむとて買ひし冊子さつしもまだ白紙のまゝなるは、独逸ドイツにて物学びせし間まに、一種の「ニル、アドミラリイ」の気象をや養ひ得たりけむ、あらず、これには別に故あり。

3.3.7 후문체(候文体)

일본의 중세에서 근대까지 사용된 문어 문체이다. 문말에 반드시 정중함을 나타내는 조동사 候(あり, をりの 겸손한 말투, です・ます보다 정중한 표현(하옵니다), 중지형일 때는 '하오니, 하오나'의 의미로 쓰임)가 온다. 이하 강조체 부분을 주시하길 바란다.

> 外史原本早々下シ可申と存**候**所 少し見合**候**てと存 今便も不能其儀 何連近便ニ上申**候** 何分先頃之一筆書写ハ忝次第ニ**候** 可惜 足下之名 一筆写と云事 後ニ無之**候** 外の紙ニ ても よく **候**御書可披下**候**
> 年號月日 族弟綱謹謄写畢
> 一クダリニ被成可下**候**　　襄 (頼山陽가 頼立斎에게 보낸 편지 중에서)

> 外史原本早々にお送りするところ、少し見合せてと今便も送って居りません。いずれ近便にお送りします。先頃の一筆書写は忝ないことでした。惜しいことに、足下の名一筆誰が写したという事がありません。外の紙でもよろしいので御書き下さい。
> 年號月日 族弟綱謹謄写畢(おえる)
> 一くだりになさるのがよろしい　　襄

여성어(女性語), 남성어(男性語), 유아어(幼児語), 노인어(老人語), 집단어(集団語), 은어(隠語), 전문어(専門語), 신어(新語), 유행어(流行語), 금기

어(忌み言葉), 차별어(差別語) 등도 독립된 문체로 인정될 수 있다. 그러나 이들은 사회구성원의 속성에서 비롯되는 말들이므로 제8장에서 다루도록 하겠다.

4 요약

복수의 문장(sentence)이 결합하여 하나의 완결된 이야기, 즉 문장(文章)이라는 단위가 실현된다. 문장을 연구하는 분야를 문장론이라고 한다. 구두로 문장이 결합하여 하나의 완결된 이야기가 실현되는 것을 담화라고 한다. 문장의 기본구조는 서론-본론-결론이다. 문장은 길이와 목적에 따라 시, 노래가사, 수필, 단편소설, 장편소설, 시나리오, 편지, 메일, 사설, 보고문, 계약서, 광고문, 기록문, 리포트, 논문, 책이 된다. 문체를 연구하는 분야를 문체론이라고 한다. 문체는 표현 의도, 음성언어와 문자언어, 문어체 내로 나뉜다. 표현 의도에 따른 분류로는 예술적 문체와 실용적 문체가 있다. 음성언어와 문자언어에 따른 분류로는 구어체와 문어체가 있다. 접객, 부탁, 의뢰, 거절, 사과, 권유, 교통 안내, 인터뷰, 잡담, 회의, 설명, 프레젠테이션, 면접 등은 구어체로 이루어진다. 구어체는 문장이 비교적 짧으며, 도치를 많이 사용하고 문장 순서가 정상적이지 않은 경우가 많다. 단어 반복이 잘 일어나며, 생략이 많이 행해진다. 경어체나 비경어체, 종조사, 부조사, 감동사, 접속사가 많이 사용된다. 문어체는 구어체와는 정반대의 특징을 보인다. 문어체 내로는 한문체, 기록체, 선명체, 일한혼합체, 일문체, 아문체, 후문체 등이 있다.

제7장의 참고문헌

가토 아키히코 편(加藤彰彦編, 1990)「第6章 表現と文体」『日本語概説』桜楓社, pp.187-214.

기타하라 야스오 편자(北原保雄 編者, 1996)「第七章 文章・文体」『概説日本語』朝倉書店, pp.119-135.

김공칠(金公七, 1994)「제6장 文体・言語生活」『日語学概論』時事日本語社, pp.230-256.

노다 히사시(野田尚史)・모리구치 미노루(森口稔, 2003)『日本語を書くトレーニング』ひつじ書房, pp.2-127.

노다 히사시(野田尚史)・모리구치 미노루(森口稔, 2006)『日本語を話すトレーニング』ひつじ書房, pp.2-127.

노다 히사시etc(野田尚史etc, 2002)『複文と談話』岩波書店, pp.3-227.

다나카 하루미etc(田中春美etc, 1991)『現代言語学辞典』成美堂, pp.1-930.

스즈키 가즈히코 감수(鈴木一彦 監修, 2007)「第7章 文章・文体」『概説日本語学』明治書院, pp.189-230.

시미즈 요시아키(清水義昭, 2002)「第4章 文法・文体」『概説日本語学・日本語教育』おうふう, pp.43-59.

아키모토 미하루(秋元美晴, 2002)「第7章 語結合・連語・慣用句と比喩」『よくわかる語彙』アルク, pp.121-132.

오기노 쓰나오(荻野綱男, 2007)「各論 文章と文体」『現代日本語学入門』明治書院, pp.100-111.

윤상실・윤호숙・황광길(2004)「제7장 문체 표현」『일본어학의 이해』J&C, pp.195-214.

전성용(2003)「제6장 문체와 표현」『일어학개론』J&C, pp.151-153.

정현혁(2012)「제8장 문장과 문체」『일본어학의 이해』 인문사, pp.205-225.

천호재(2009a)「일본 애니메이션 대사에 나타나는 의사소통 관련 문법 실러버스의 분석과 지도 방안」『일본어교육』47, 한국일본어교육학회, pp.27-43.

천호재(2009b)「일본의 애니메이션 대사에 나타나는 의사소통 관련 문법 실러버스의 분석과 지도 방안」『일본어 학습에 대한 의식』한국문화사, pp.249-277.

후루타 도사쿠(古田東朔, 1987)「第6章 文章·文体」『新日本語概説』くろしお出版,pp.35-50.

후루타 도사쿠(古田東朔, 1994)「3-話しことばと書きことば」『改訂版 日本語学概論』放送大学教育振興会, pp.31-38.

〈広告代理店の志望動機の書き方の3つの秘訣〉 https://kenjasyukatsu.com/archives/1238 (검색 연월일 2018.10.05.)

〈大人になってから学びたい日本の歴史〉 https://manareki.com/17kenpo (검색 연월일 2018.09.21.)

〈吾妻鏡入門〉 http://adumakagami.web.fc2.com/aduma13-05.htm (검색 연월일 2018.09.21.)

〈宣命〉 https://ja.wikipedia.org/wiki/%E5%AE%A3%E5%91%BD (검색 연월일 2018.09.21.)

〈manapedia〉 源氏物語「若紫·北山の垣間見·若紫との出会い http://manapedia.jp/text/3556(검색 연월일 2018.09.21.)

〈頼山陽ネットワーク〉 https://www.raisanyou.net/(검색 연월일 2018.09.21.)

〈青空文庫 舞姫〉 https://www.aozora.gr.jp/cards/000129/files/2078_15963.html (검색 연월일 2018.10.04.)

제8장

〈제8장의 키워드〉
1 언어생활이란?
2 언어변종
  2.1 방언, 공통어, 표준어
  2.2 사회방언
    2.2.1 연령별로 본 사회방언
    2.2.2 성별로 본 사회방언
    2.2.3 집단별로 본 사회방언
    2.2.4 시기별로 본 사회방언
    2.2.5 기타
3 방언의 성립 배경
4 역사적 문헌에 보이는 방언
5 일본의 방언구획
6 요약
제8장의 참고문헌

제8장

언어생활

〈제8장의 키워드〉

언어생활(言語生活, げんごせいかつ), 지역차(地域差, ちいきさ), 방언(方言, ほうげん), 지역어(地域語, ちいきご), 사투리(俚言, りげん), 공통어(共通語, きょうつうご), 표준어(標準語, ひょうじゅんご), 사투리발음(訛り, なまり), 사회방언(社会方言, しゃかいほうげん), 유아어(幼児語, ようじご), 청년어(若者言葉, わかものことば), 여성어(女性語, じょせいご), 남성어(男性語, だんせいご), 직업어(職業語, しょくぎょうご), 은어(隠語, いんご), 전문어(専門語, せんもんご), 신어(新語, しんご), 유행어(流行語, りゅうこうご), 금기어(忌み言葉, いみことば), 차별어(差別語, さべつご), 만엽집(万葉集, まんようしゅう), 아즈마우타(東歌, あづまうた), 사키모리우타(防人歌, さきもりうた), 우비초(愚秘抄, ぐひしょう), 일본대문전(日本大文典, にほんだいぶんてん), 물류칭호(物類称呼, ぶつるいしょうこ), 음운조사보고서(音韻調査報告書, おんいんちょうさほうこくしょ), 언어지리학(言語地理学, げんごちりがく), 방언지리학(方言地理学, ほうげんちりがく), 방언구획(方言区画, ほうげんくかく), 혼도방언(本土方言, ほんどほうげん), 류큐방언(琉球方言, りゅうきゅうほうげん), 도부방언(東部方言, とうぶほうげん), 홋카이도방언(北海道方言, ほっかいどうほうげん), 도호쿠방언(東北方言, とうほくほうげん), 간토방언(関東方言, かんとうほうげん), 도카이도산방언(東海東山方言, とうかいとうさんほうげん), 하치죠지마방언(八丈島方言, はちじょうじま), 세이부방언(西部方言, せいぶほうげん), 호쿠리쿠방언(北陸方言, ほくりくほうげん), 긴키방언(近畿方言, きんきほうげん), 츄고쿠방언(中国方言, ちゅうごくほうげん), 운파쿠방언(雲伯方言, うんぱくほ

うげん), 시코쿠방언(四国方言, しこくほうげん), 규슈방언(九州方言, きゅうしゅうほうげん), 호니치방언(豊日方言, ほうにちほうげん), 히치쿠방언(肥筑方言, ひちくほうげん), 사쓰구방언(薩隅方言, さつぐうほうげん), 아마미·오키나와방언(奄美·沖縄方言, あまみ·おきなわほうげん), 기카이지마방언(喜界島方言,きかいじまほうげん), (아마미)오시마북부방언((奄美)大島北部方言, (あまみ)おおしまほくぶほうげん), (아마미)오시마남부방언((奄美)大島南部方言, (あまみ)おおしまなんぶほうげん), 도쿠노시마방언(徳之島方言, とくのしまほうげん), 오키노에라부지마방언(沖永良部島方言, おきのえらぶじまほうげん), 요론지마방언(与論島方言, よろんじまほうげん), 오키나와북부방언(沖縄北部方言, おきなわほくぶほうげん), 오키나와남부방언(沖縄南部方言, おきなわなんぶほうげん), 사키시마방언(先島方言, さきしまほうげん), 미야코방언(宮古方言, みやこほうげん), 요나구니지마방언(与那国島方言, よなぐにじまほうげん)

1 언어생활이란?

문장(文)이 모여 단락이 되고 단락이 모여 문장(文章) 또는 담화(談話)가 된다. 표현 의도에 따라 문장(文章)은 서비스 안내문, 광고문, 시, 수필, 소설, 보고서, 자기소개서, 논문 또는 리포트, 신문사설이 된다. 담화(談話)는 일상의 회화, 잡담, 평론, 연설이 된다. 이와 같이 우리는 문장이나 담화의 형식으로 언어를 듣고, 말하고, 읽고, 쓰면서 일상의 생활을 영위하는데 이것을 언어생활(言語生活)이라고 한다. 따라서 지금까지 살펴보아 온 단음→ 음소→ 문자표기→ 단어→ 문절→ 문장(文)→ 문장(文章)은 모두 의미 있는 언어생활을 구축하는 데에 필요한 작은 그림들이며 조각들이라고 할 수 있다.

2 언어 변종

2.1 방언, 공통어, 표준어

제7장에서 이미 언급한 바와 같이 문체가 개인별로(작가별로, 작품별로), 성별로, 연령별로, 시대별로 모두 다른 것처럼, 일상생활에서 사람들이 사용하는 문장(文章)과 담화(談話)도 저마다 약간 혹은 많이 색다른 결을 보인다. 그 예로 먼저 방언(方言)을 들 수 있다. 우리나라로 말하면 전 지역에서 모든 사람들이 표준어로 일상생활을 하지 않는다. 지역마다 방언을 사용한다. 전라도 사람들은 전라도 방언을 쓰며, 경상도 사람은 경상도 방언을 쓴다. 일본도 마찬가지이다. 아오모리(青森) 사람들은 아오모리 방언을, 시마네(島根) 사람들은 시마네 방언을 사

용한다.방언도 엄연한 언어이다. 방언은 지역마다 저마다 차이를 보인다. 이것을 지역차(地域差)라고 한다. 방언(方言, dialect)이란 어느 특정한 지역의 언어 체계 전체를 말한다. 이 말은 다른 지역과는 독립되는 그 지역 특유의 음성 체계, 음운체계(音韻体系), 어휘 체계(語彙体系), 의미 체계(意味体系), 문법체계(文法体系)가 존재한다는 것이다. 이 말은 일본이나 한국의 모든 지역에서 사용되는 언어가 방언이라는 뜻이기도 하다. 따라서 방언은 지역어(地域語)라고도 한다. 방언에는 우선 사투리(俚諺)라는 것이 있다. 사투리란 공통어에는 없는 지역 방언 특유의 어휘를 말한다. 函南町의 방언을 예로 들면, ああいったようにを アーユータニ라고 말한다. 言うなは イーニャンシナ, 非常に多いは ウジャラッコイ라고 말한다. 한국을 예로 들면, 청년층 이하에서는 거의 사용하지 않겠지만 '잠자리'를 경상도(포항, 영천, 경주)에서는 '철기', '철갱이', '철개이'라고 부른다. '지껄이다'는 '주께다', '주끼다', '씨부리다'라고 하며 '우렁이'를 '멍게', '부추'를 '정구지'라 부른다. 방언에는 표준어 체계에서 볼 수 없는 발음(악센트), 즉 음성 체계도 존재한다. 즉 사투리발음(訛り)이다. 이하 ○표시는 低, ●표시는 高를 의미한다. 도쿄(東京)에서는 牛(うし)를 ○●라고 발음한다. 교토(京都)에서는 牛(うし)를 ●●라고 발음하며, 가고시마(鹿児島)에서는 ●○라고 발음한다. 경상도에서는 "했어요?"를 "했닝교?", "밥 먹었어요?"를 "밥 뭇써요?"라고 발음한다. 서울에서는 '삼촌'을 '삼춘'이라고 발음하는 사람이 의외로 많다. 같은 경상도이지만 대구에서는 '사회(社会)'를 ●○라고 발음하며 부산에서는 '사회'를 ○●라고 발음한다. 그뿐만 아니라 대구에서는 '예수님'을 ●○○이라고 발음하는 반

면에, 부산에서는 '○●○'이라고 발음한다.

그런데 한 나라의 방언은 대부분 자신이 사용하는 방언과 이질적인 양상을 보이면서도 대략 그 의미는 알아듣는다. 그러나 그 의미를 100% 알아듣는 것은 아니다. 본 저자는 청주에서 군 생활을 하면서 의사소통에 많은 고생을 한 적이 있다. 우리는 제주방언을 거의 알아들을 수 없다. 중국에서도 광동어와 북경어는 방언이 아니라 거의 외국어이다. 따라서 방언 화자 사이에 원활한 의사소통을 기하기 위해 공통어(共通語, common language)라는 개념을 필요로 하게 되었다. 공통어란 전 지역의 방언 화자들이 원활하게 의사소통을 하기 위해 행정적으로 지정한 방언을 말한다. 한국의 공통어는 서울 방언이며, 일본의 공통어는 도쿄 방언이다. 당연히 여기에는 표준어라는 개념이 대두된다. 표준어(標準語, standard language)란 공통어의 음성, 음운, 의미, 문법 체계를 다시 인위적으로 가공한 언어를 말한다. 따라서 일본어를 배우는 우리들은 결국 공통어면서 인위적으로 가공된 도쿄 방언을 배우는 셈이다. 도쿄 방언이 표준어가 된 배경에는 도쿄가 일본의 정치·경제·사회·문화의 중심지이기 때문이다. 일본에서는 방언을 지역문화 유산으로 보호하려는 의식이 강한 반면에, 한국은 일본에 비해 아직 그러한 의식이 낮은 편이다.

2.2 사회방언

서울이나 도쿄와 같이 동일 지역 내에 거주하는 사람들이라도 나이, 남녀, 직업, 계층, 세대에 따라 저마다 다른 특유의 언어 스타일을 가지고 있다. 이것을 사회방언(社会方言)이라고 한다.

2.2.1 연령별로 본 사회방언

연령별로는 더 자세하게 분류할 수 있지만, 대충 유아어(幼児語), 청년어(若者言葉), 노인어(老人語)로 나눌 수 있다. 유아어는 유아들이 사용하는 말(표현)이다. 예를 들면 猫를 ニャンニャン, 牛를 モーモー, 犬를 ワンワン, 自動車를 ブーブー 혹은 ブブ, 鳩를 ポッポ라고 부른다. 청년어는 청년들이 사용하는 말(표현)이다. 예를 들면 気持ち悪い를 きもい, 本当に?를 まじで?, 良くない(です)를 やばい, ヤべえ, やばす, まじやばす!라고 말한다. 노인어는 노인들이 사용하는 말(표현)이다. 예를 들어 一家(いっか)를 いっけ, ポケット를 隠し(かくし), お嬢さん을 嬢ちゃん(じょっちゃん)이라 말한다.

2.2.2 성별로 본 사회방언

성별로는 여성어(女性語), 남성어(男性語)로 나뉜다. 여성어(女性語)는 여성이 사용하는 말이고, 남성어(男性語)는 남성이 사용하는 말이다. 여성들은 감탄사로 あら, あらまあ, ねえ, まあ를 사용한다. 종조사로는 わ, ね를 사용한다. 남성들은 감탄사로 おお, おい, ほう를, 종조사로는 ぜ, な를 사용한다. 1인칭 대명사 ぼく, おれ는 남성들이 주로 사용하며, あたし, わたし는 여성들의 사용 비중이 높다. 2인칭 대명사 あなた, あんた는 여성들이 주로 사용하며, きみ, おまえ는 남성들이 주로 사용한다.

2.2.3 집단별로 본 사회방언

집단별로는 직업어(職業語), 전문어(専門語)를 들 수 있다. 특정 사회

의 집단 구성원들은 고유의 표현이나 말을 사용하는데, 우선 직업어(職業語)란 특정 직업에 종사하는 사람들이 사용하는 말이다. 도둑이나 조폭집단(ヤクザ)에서는 경찰(警察)을 サツ, 형무소(刑務所)를 ムショ, 여자(女)를 ナオン이라고 부른다. 백화점 등과 같은 서비스업계에서는 고객을 배려하여 トイレに行く를 奥に라고 말한다. 이 말은 제3자(고객)에게 그 뜻을 알아차리지 못하게 하기 위한 목적을 가지고 사용되므로 은어(隠語, jargon)라고도 불린다. 전문어(専門語)는 특정한 전문 분야에 종사하는 사람들이 내용을 압축해서 특별히 만든 말이다. 예를 들면 천문학에 종사하는 사람들은 輝線星雲, 激変星, 光電効果, 自重変形, 指数関数, 実視連星 등의 말을 사용한다. 또한 불교신자나 승려들은 浄土教, 浄土宗, 成仏, 自力, 真言宗, 真如苑, 垂迹, 水雲, 水天, 教行信証, 倶会一処, 鳩摩羅什, 原始仏教, 還相回向, 五位百法라는 말을 사용한다.

2.2.4 시기별로 본 사회방언

시기별로 신어(新語)와 유행어(流行語)를 들 수 있다. 신어(新語)란 새로운 사물이나 개념을 나타내기 위해서 만들어진 말이다. 예를 들어 フェイクニュース, 仮想通貨, オフショル등을 들 수 있다. 유행어(流行語)란 특정한 시기에 유행한 말이다. 예를 들어 2017년도에 ひふみん, インスタ映え, 35億, 睡眠負債, 魔の2回生, 9.98, 29連勝 등의 말이 크게 유행하였다.

2.2.5 기타

마지막으로 기타로는 금기어(忌詞)와 차별어(差別語)가 있다. 금기어는 불길함을 줄 염려가 있어 사용해서는 안 되는 것으로 인식된 말이다. 예를 들면 일본의 결혼식에서는 切れる, 去る, 出る, 離れる, 終わる라는 말을 사용해서는 안 된다. 이혼이나 사별과 같은 불길한 느낌을 주기 때문이다. 차별어(差別語)는 사람을 차별하거나 불쾌감을 주는 말이다. 예를 들면 めくら(장님), おし(벙어리), つんぼ(귀머거리), 不具(불구) 등을 들 수 있다.

분류에 넣지는 않았지만 특정 표현을 다른 표현으로 치환하여 표현하기도 한다. 예를 들어 電気がつく를 明かりがともる로 바꾸어 말하면 지적인 이미지를, 無職です를 転職準備中です로 바꾸어 말하면 부드러운 느낌을, 返事は要りません을 ご返信には及びません으로 바꾸어 말하면 온화한 이미지를 상대방에게 주기도 한다.

3 방언의 성립 배경

본 저자의 개인적인 체험이긴 하지만, 영주에서 소백산 재를 넘어 단양으로 간 적이 있는데 경상도 말이 갑자기 충청도 말로 바뀌는 것을 보았다. 마찬가지로 춘양(春陽)에서 태백으로 가면 경상도 말에서 강원도 말로 바뀐다. 불과 재를 하나 넘었을 뿐인데 말이다.

이 절에서는 우선 방언이 발생하는 이유와 역사적 문헌에 기록된 일본의 방언에 대해 살펴보도록 하겠다. 방언이 발생하는 이유는 첫째, 교통이 원활하지 못했기 때문이다. 경상도 말을 사용하는 영주 사람들과 충청도 말을 사용하는 단양 사람들 사이에는 험준한 높은 산과 재가 가로막혀 있었다. 이것은 일본도 사정은 마찬가지였다. 바다나 큰 강도 왕래를 방해하는 충분한 요인이 되었다. 둘째, 인위적인 요인 때문이다. 일본에서는 봉건제도가 발달하여 어느 번(藩)에서 다른 번으로 이동하는 데에 많은 제약과 감시가 있었다. 셋째, 여러 방언을 사용하는 사람들이 특정 지역으로 대량 이주를 하였기 때문이다. 예를 들어 홋카이도(北海道)에는 특정 지역에 살던 사람들이 대량으로 이주하여 특정한 지역의 방언만이 사용되기도 한다. 한국에도 서울에 많은 지방사람들이 이주를 하였는데, 예를 들어 서울 강남에 경상도(대구) 사람들이 대량으로 이주하여 경상도 말이 강남에서 통용되기도 하였다. 개인적인 체험이긴 하지만 중국 연변에서 온 조선족 유학생이 경상도 말을 하는 것이 신기하여 그 자초지종을 물어보니 약 100년 전에 증조할아버지가 경상도에서 연변으로 이주한 뒤로, 지금까지도 계속 경상도 말을 써오고 있다는 것이다. 할아버지와 함께 이주한 사람들과 가족들 역시 경상도 말을 쓰고 있다고 하였다. 마지막으로 지역사회의 환경 때문이다. 바닷가가 인접한 지역에서는 바다 환경이 반영된 언어가 사용된다. 농촌이나 산촌에 대해서도 동일한 설명이 가능하다.

4 역사적 문헌에 보이는 방언

방언은 어제오늘 성립한 것이 아니다. 100년 전에도 1000년 전에도 있었으며 앞으로도 당분간 지속되어 갈 것이다. 물론 소멸의 속도도

빠를 것으로 예상되지만 말이다. 우선 만엽집(万葉集-일본에서 가장 오래된 화가집(和歌集, 일본 고유의 형식에 따른 시를 수록한 것), 7세기 후반 - 8세기 후반)에 아즈마우타(東歌), 사키모리우타(防人歌)가 분류되어 있다. 아즈마우타(東歌)에는 동일본(東日本) 지역의 사람들이 지은 和歌가, 사키모리우타(防人歌)에는 西日本 지역의 사람들이 지은 和歌가 수록되어 있다. 둘째, 가마쿠라(鎌倉時代, 1185년-1333년)에 지어진 우비초(愚秘抄)를 보면 고어가 방언에 남아 있다는 기록이 나와 있다. 셋째, 무로마치시대(室町時代, 1336년-1573년)에 지어진 일본대문전(日本大文典)에서는 일본의 방언을 3대 방언으로 분류가 가능하다는 내용이 나온다. 넷째, 에도시대(江戸時代, 1603년-1867년)에 물류칭호(物類称呼)라는 일본 최초의 전국 방언집이 출간되었다. 다섯째, 메이지시대(明治時代, 1868년-1912년)에는 전국 방언의 음성 및 음운체계를 정리한 음운조사보고서(音韻調査報告書)가 작성되었다. 제2차 세계대전 이후에는 방언의 일부 음운체계와 어휘체계를 조사한 일본언어지도(日本言語地図)가 간행되기도 하였다.

5 일본의 방언구획

언어의 지리적인 분포를 규명하는 분야를 언어학에서는 언어지리학(言語地理学, linguistic geography) 또는 방언지리학(方言地理学, dialect geography)이라고 한다. 언어지리학(방언지리학)에서는 전국의 방언을 체계적으로 구분하고 있다. 이를 방언구획이라고 한다.

먼저 일본어는 혼도방언(本土方言)과 류큐방언(琉球方言)으로 나뉜다. 본토방언은 다시 도부방언(東部方言), 세이부방언(西部方言), 규슈방언

(九州方言)으로 하위분류된다. 류큐방언(琉球方言)은 다시 아마미·오키나와방언(奄美·沖縄方言), 사키시마방언(先島方言)으로 하위분류된다.

혼도방언 중에서 도부방언은 홋카이도방언(北海道方言), 도호쿠방언(東北方言), 간토방언(関東方言), 도카이도산방언(東海東山方言), 하치죠지마방언(八丈島方言)으로 하위분류된다. 세이부방언(西部方言)은 호쿠리쿠방언(北陸方言), 긴키방언(近畿方言), 츄고쿠방언(中国方言), 운파쿠방언(雲伯方言), 시코쿠방언(四国方言)으로 하위분류된다. 규슈방언(九州方言)은 다시 호니치방언(豊日方言), 히치쿠방언(肥筑方言), 사쓰구방언(薩隅方言)으로 하위분류된다.

류큐방언(琉球方言) 중에서 아마미·오키나와방언(奄美·沖縄方言)은 기카이지마방언(喜界島方言), (아마미)오시마북부방언((奄美)大島北部方言), (아마미)오시마남부방언((奄美)大島南部方言), 도쿠노시마방언(徳之島方言), 오키노에라부시마방언(沖永良部島方言), 요론지마방언(与論島方言), 오키나와북부방언(沖縄北部方言), 오키나와남부방언(沖縄南部方言)으로 하위분류된다. 사키시마방언(先島方言)은 다시 미야코방언(宮古方言), 야에야마방언(八重山方言), 요나구니지마방언(与那国島方言)으로 하위분류된다.

6 요약

언어생활에는 필연적으로 방언이 따른다. 그건 지역마다 말이 모두 다르기 때문이다. 지역마다 다른 것을 지역차라고 한다. 따라서 방언은 지역어라고도 한다. 방언에는 사투리가 있으며 사투리 발음도 있다. 방언이 있으면 공통어가 있고 공통어가 있으면 표준어가 있다. 방언에는 지역방언과 더불어 사회방언이라는 것이 있다. 연령을 기준으로 하면 사회방언은 유아어, 청년어, 노인어로 나뉜다. 성별로 보면 사회방언은 여성어와 남성어로 나뉜다. 집단을 기준으로 하면 사회방언은 직업어, 은어, 전문어로 나뉜다. 시기를 기준으로 하면 사회방언은 신어, 유행어로 나뉜다. 기타로 금기어와 차별어가 있다. 방언의 성립 이유로는 교통이 원활하지 못한 것, 인위적인 요인, 특정 지역으로의 대량 이주, 지역 사회 고유의 환경을 들 수 있다. 만엽집에 사키모리우타와 아즈마우타가 따로 수록된 것으로 보아 8 - 9세기에도 방언이 존재한 것을 알 수 있다. 가마쿠라시대의 우비초를 비롯하여 무로마치시대에는 일본대문전이, 에도시대에는 물류칭호에 일본의 방언들이 수록되었다. 그 후 음운조사보고서와 일본언어지도가 발간되었다. 언어학에는 언어지리학 또는 방언지리학이라는 분야가 있다. 일본어는 크게 혼도방언(本土方言)과 류큐방언(琉球方言)으로 나뉜다. 혼도방언은 다시 도부방언(東部方言), 세이부방언(西部方言), 규슈방언(九州方言)으로 하위분류된다. 류큐방언(琉球方言)은 다시 아마미·오키나와방언(奄美·沖縄方言), 사키시마방언(先島方言)으로 하위분류된다.

제8장의 참고문헌

가토 아키히코 편(加藤彰彦編, 1990)「第8章 言語生活」『日本語概説』桜楓社, pp.259-280.

기타하라 야스오 편자(北原保雄 編者, 1996)「第八章 共通語・方言」『概説日本語』朝倉書店, pp.136-153.

기타하라 야스오 편자(北原保雄 編者, 1996)「第九章 言語生活」『概説日本語』朝倉書店, pp.154-168.

김공칠(金公七, 1987)「五. 語彙の位相」『日本語語彙論』学文社, pp.114-132.

김공칠(金公七, 1994)「제7장 方言」『日語学概論』時事日本語社, pp.257-294.

노다 히사시(野田尚史)・모리구치 미노루(森口稔, 2003)『日本語を書くトレーニング』ひつじ書房, pp.1-127.

다카미자와 하지메 감수(高見沢孟/監修, 2004)「第6章 社会言語学-ことばと社会のかかわり」『日本語教育1』語文学社, pp.177-204.

도야마 시게히코(外山滋比古, 1979)『母乳語・離乳語・ほめことば』主婦の友社, pp.3-211.

도쿠가와 무네마사(徳川宗賢)・사나다 신지(真田信治, 1991)『新・方言学を学ぶ人のために』世界思想社, pp.3-291.

민광준(2008)『일본어 음성학 입문』건국대학교 출판부, pp.5-257.

스즈키 가즈히코 감수(鈴木一彦 監修)「第8章 方言」『概説日本語学』明治書院, pp.231-280.

스즈키 가즈히코 감수(鈴木一彦 監修, 2007)「第9章 言語生活」『概説日本語学』明治書院, pp.281-299.

시미즈 요시아키(清水義昭, 2002)「第6章 言語生活」『概説日本語学・日本語教育』おうふう, pp.69-80.

아키모토 미하루(秋元美晴, 2002)「第10章 語彙と社会」『よくわかる語彙』アルク, pp.159-178.

오기노 쓰나오(荻野綱男, 2007)「各論 方言と共通語」『現代日本語学入門』明治書院, pp.146-162.

오기노 쓰나오(荻野綱男, 2007)「応用分野 社会言語学」『現代日本語学入門』明治

書院, pp.180-195.
이시구로 케이(石黒圭, 2017)『大人のための言い換え力』NHK出版新書, pp.3-250.
정현혁(2012)「제10장 방언과 공통어」『일본어학의 이해』 인문사, pp.249-268.
천호재(2018a)「일본어학의 관점에서 본 천문학 용어의 중층적 분석」 한국일어일문학회 하계 발표요지문(대구대학교)
천호재(2018b)「일본어학과 해탈」『한국일본어학회 추계국제발표대회』한국일본어학회(중앙대학교 서울캠퍼스)
홍민표(洪珉杓, 2007)『日韓の言語文化の理解』風間書房, pp.3-331.
후루타 도사쿠(古田東朔, 1987)「第7章 方言と共通語」『新日本語概説』くろしお出版, pp.103-118.
후루타 도사쿠(古田東朔, 1994)「4-日本語・東と西」『改訂版 日本語学概論』放送大学教育振興会, pp.77-92.
〈THE 函南遺産〉 http://kannami13.sakura.ne.jp/culture-hogen.html, 검색년월일(2018.07.26.)
〈幼児語〉https://ja.wikipedia.org/wiki/%E5%B9%BC%E5%85%90%E8%AA%9E 검색연월일(2018.09.22.)
〈若者言葉〉
https://ja.wikipedia.org/wiki/%E8%8B%A5%E8%80%85%E8%A8%80%E8%91%89 검색연월일(2018.09.22.)
〈老人語〉
https://ja.wikipedia.org/wiki/%E8%80%81%E4%BA%BA%E8%AA%9E 검색연월일(2018.09.22.)
〈現代用語の基礎知識選ユーキャン新語・流行語大賞全受賞記録〉https://singo.jiyu.co.jp/ 검색연월일(2018.09.22.)

제9장

1 일본어 학습의 최종 목적
2 일본인 시점의 일본사정
3 외국인 시점의 일본사정
3.1 서론
3.2 슈퍼마켓 전단지에 명시된 상품 분류
3.2.1 상품 내역
3.2.2 슈퍼마켓 전단지에 명시된 상품 가격
3.2.3 슈퍼마켓 전단지에 명시된 상품 단위
3.2.4 슈퍼마켓 전단지에 명시된 상품의 표기 자종
3.2.5 슈퍼마켓 전단지에 명시된 상품의 광고 문구
3.2.6 슈퍼마켓 전단지에 명시된 상품의 원산지
3.2.7 슈퍼마켓 전단지에 명시된 상품명의 문화 정보
3.3 일본과 한국의 슈퍼마켓 전단지 비교
3.3.1 상품 종류의 비교
3.3.2 광고 문구의 비교
3.3.3 원산지 표시 비교
3.3.4 음식문화의 비교
제9장의 참고문헌

제9장

일본사정의 이해

1 일본어 학습의 최종 목적

지금까지 일본어의 다양한 특징을 살펴보았다. 그런데 우리는 여기에서 하나의 소박한 의문을 제기해 보고자 한다. 그것은 우리가 일본어와 일본어학적인 지식들을 왜 갖추어야 하느냐는 것이다. 본 저자가 20여 년간 일본어교육 현장에서 일본어 학습자들을 지켜본 결과, 일본어 학습의 최종목적은 일본어를 아는 것 자체가 아니라, 일본의 정치, 경제, 사회, 문화, 과학기술 등을 익히는 것이라는 사실을 깨달았다. 환언하면 일본어 학습자는 일본사정의 습득에 관심을 둔다는 것이다. 일본어는 이들 최종목적을 성취해 주는 도구에 불과한 것이다. 일본사정이란 말 그대로 일본의 사정을 말한다. 일본사정의 범위는 매우 넓다. 일본어 학습자라면 누구라도 알아두어야 할 일본사정이 있고, 또 어떤 영역에 관심을 가지느냐에 따라 알아두어야 할 일본사정이 따로 있다. 일본인들은 일본사정을 잘 알고 있을 것이며, 설사 잘 모른다고 하더라도 생활에 큰 불편이 없기에 크게 문제시될 것이 없다.

이에 반해 외국인 일본어 학습자들은 일본사정을 일본어 학습과 병행을 하면서 의식적으로 학습해 두어야 한다. 일본사정을 학습함으로써 각자 자신들의 일본어 학습의 최종 목적지에 도달하여야 하기 때문이다. 이 점에서 일본사정은 우리들 외국인 일본어 학습자들을 대상으로 하는 교육이라 할 수 있다. 다년간 교육현장에서 경험한 것이기는 하지만 교실활동을 하면서 일본사정(대중문화, 생활문화, 전통문화)을 언급하면 학습자들의 주의집중력이 매우 높아지는 것을 보아 왔다. 나아가 일본사정에 관련한 언급이 학습자들에게 교사의 수업을 매우 매력적으로 보이게 한다는 점도 깨달았다. 현재 시중에 나와 있는 일본사정(일본문화) 관련 서적들을 보면 대부분 일본인 시점으로 쓰여진 것이 많다. 예를 들어, 일본의 정치, 역사, 문학, 지리, 행정구역 등등에 관련된 일반적인 지식들을 일방적으로 전달하는 것이 대부분이다. 본 저자도 일본인들의 시점에서 보면 외국인이므로 이제는 일본사정의 이해에 있어 일본인이 아닌 외국인의 시점이 필요하다고 여긴다. 일본인들이 일방적으로 일본사정을 외국인에게 전달하지 않는, 즉 외국인의 시점에서 일본사정을 발견해 가는 자세가 필요하다고 본 저자는 보고 있다. 최근 한국에서 일본에 여행을 가는 여행객들이 폭발적으로 증가하는 이 시점에 외국인의 시점에서 일본의 다양한 사정을 스스로 발견해 내도록 하는 교육이 필요하다고 본다.

2 일본인 시점의 일본사정

그러면 이 절에서는 일본인 시점의 일본사정이란 구체적으로 어떠한 것을 말하는지를 본 저자의 주관적인 판단하에 나열하는 방식으로 제시해 보도록 하겠다.

- 일본의 인구는 몇 명인가?
- 일본 국토의 면적은 어느 정도인가?
- 일본의 행정구역은 구체적으로 어떻게 나눠져 있는가?
- 일본의 기후는 어떤 특징을 지녔는가?

- 일본의 정치제도의 구조는 어떠한가?
- 일본의 공업, 농업, 임업, 수산업, 환경문제, 노동문제, 사회보장은?
- 일본인의 기질, 장례, 혼례, 가족제도, 제사, 교육제도, 성, 공휴일, 연중행사는?
- 일본의 음식문화, 의복문화, 주거문화, 종교, 축제는?
- 일본인들의 인사와 방문, 식사예절, 비즈니스 예절, 규칙은?
- 일본인들의 전화 예절, 방문 예절, 편지 예절, 메일 예절은?
- 일본의 관광지, 세계문화유산, 주요도시는?
- 일본인들의 일상생활, 패션, 대중문화 정보는?
- 일본의 역사 구분은?
- 일본의 대표문학은? 시대별로 어떤 문학작품이 거론되는가?
- 일본의 국보, 전통예능, 다도, 이케바나, 서예의 특징은?
- 영화, 회화 작품, 애니메이션, 만화 등의 특징은?
- 일본의 역대 노벨상 수상자는?

이미 언급한 바와 같이 이들 의문들은 대부분 일본의 정치, 역사, 문학, 지리, 행정구역 등등에 관련된 것이며, 이들 영역에 관련된 일반적인 지식들을 일방적으로 전달하는 데에 주안점을 둔 저서가 대부분이다. 물론 이들 일반적 지식들이 중요하지 않은 것은 아니지만, 이와 더불어 외국인의 시점에서 스스로 발견해내는 일본사정 교육도 매우 중요하다고 생각한다. 그래서 본 저자는 일본사정에 대한 학습과 교수는 늘 일본인 시점과 외국인 시점을 병행해서 이루어져야 한다고 생각한다.

3 외국인 시점의 일본사정

3.1 서론

제2절에서 저자는 단순히 수동적으로 주어지는 일본사정을 그대로 이해하는 것에서 나아가서 스스로 일본사정을 발견해나가는 자세가 중요하다고 역설하였다. 그러면 무엇을 어떻게 발견할 것이냐는 의문이 대두된다. 본 저자는 하나의 시론으로 일본 슈퍼마켓 전단지를 통해 일본사정의 일면을 제시하고자 한다. 결론적으로 말하자면, 슈퍼마켓 전단지만으로도 상당히 많은 유용한 일본사정을 발견할 수 있다는 것을 강조하고 싶다. 스스로 발견해나가는 일본사정은 학습자들의 관심이 어디에 두어지느냐에 따라 거의 무한대에 걸쳐져 있다고 할 수 있다.

이하의 절에서는 우선 첫째, 전단지에 나온 상품을 분류하고자 한다. 둘째, 전단지에 제시된 상품의 가격을 조사하고자 한다. 셋째, 상품의 무게 단위를 살펴보고자 한다. 넷째, 상품명의 자종을 살펴보고자 한다. 다섯째, 상품 광고 문구를 살펴보고자 한다. 여섯째, 원산지 표시를 살펴보고자 한다. 마지막으로 전단지에서 드러난 생활문화를 살펴보고자 한다.

3. 2 슈퍼마켓 전단지에 명시된 상품 분류

이하의 절에서 분석하는 슈퍼마켓 전단지(2매, 그 중 1매는 아래 사진)는 2016년 7월에서 8월 사이에 약 1개월간 본 저자가 일본 하치오지시(八王子市) 미나미오사와(南大沢)에서 체류하던 중에 우연히 입수한 것이다(슈퍼마켓명은 Sakagami이며, 수도대학 도쿄(首都大学東京) 정문에 인접해 있다.).

위에 제시한 전단지에 수록된 상품은 모두 72개였으며, 슈퍼마켓 전단지를 면밀히 살펴본 결과, 육류, 농수산물, 음료, 조미료, 차, 면류, 드레싱, 기타로 분류할 수 있었다. 이것을 정리하면 다음의 〈표1〉과 같다.

〈표1〉 슈퍼마켓 전단지 상품 분류

육류	음료	조미료	차	면류	농수산물	드레싱	기타	합계
13개	5개	6개	1개	2개	37개	3개	5개	72개
18%	7%	8%	1%	3%	51%	4%	7%	100%

72개 품목 가운데 농수산물이 51%로 가장 큰 비중을 차지하였고, 육류(18%)), 조미료(8%), 음료(7%)가 각각 그 뒤를 잇고 있었다. 농수산물과 육류가 가장 많은 비중을 차지하는 것으로 보아 이들 상품들이 일본인들의 일상생활에서 차지하는 비중을 어느 정도 가늠해 볼 수 있다. 하지만 상품을 분류하는 것만으로는 일본사정을 충분히 이해하는

데에는 한계가 있다. 상품별로 구체적으로 내역을 살펴보면 겉으로 드러나지 않았던 보다 자세한 일본사정을 이해할 수 있을 것으로 기대되기 때문이다.

3.2.1 상품 내역

이하 〈표1〉에 제시한 순서대로 상품 내역을 살펴보기로 한다. 그러면 우선 육류부터 살펴보도록 하자. 예를 들면 일본산 소어깨살(国産牛肩), 에치고구이용돼지고기(越後もちぶたバラ焼き肉用), 남부닭고기튀김(南部どり唐揚げ), 남부구이용닭고기(南部どりの焼きとり), 남부닭가슴살(南部とりム肉), 에치고돼지화이트비엔나소시지(越後もちぶたホワイトウィンナ－), 로스생강구이(ロ－ス生姜焼き), 참깨 된장스테이크(ごま味噌ステ－キ), 에치고돼지로스햄슬라이스(越後もちぶたロ－スハムスライス), 돼지가쓰동(もちぶたカツ丼), 멘치가쓰(メンチカツ(잘게 다진 양파와 다진 고기를 혼합하여 빵가루를 묻힌 뒤, 그것을 다시 기름에 튀긴 요리)), 돼지고기소금갈비덮밥(もちぶた塩カルビ丼), 돼지고기 꼬치가쓰(もちぶた串カツ) 등을 들 수 있다. 위의 예를 보면 육류는 소고기와 돼지고기, 닭고기로 한정되는 것을 알 수 있다. 양고기, 개고기, 오리고기는 없다. 한국의 슈퍼마켓에는 일본의 슈퍼마켓과 마찬가지로 소고기, 돼지고기, 닭고기를 판매한다. 이 점에서 한국과 일본은 공통점을 지니지만, 한국의 슈퍼마켓에서는 양고기, 오리고기를 판매하기도 한다.

둘째, 음료이다. 음료로는 생수, 요구르트, 맥주, 와인, 주스, 꿀 등을 들 수 있다. 예를 들면 맛있는 프레메이안 요구르트·저지방 요구르트(おいしいプレメイヤ－ンヨ－グルト·低脂肪ヨ－グルト), 아카시아벌꿀(あか

しゃハチミツ), 히라카사과주스(ひらかりんごジュース), 미시오네스와인(ミシオネス・ブリュット), 구파즈맥주(クーパーズビール) 등을 들 수 있다.

셋째, 조미료이다. 조미료로는 간장, 된장, 소금 등을 들 수 있다. 구체적으로는 가지유·된장 타레(なすの油·みそのたれ), 농가제조된장(農家づくり味噌), 참깨된장 면 간장(ごまみそめんつゆ), 호마레간장(誉れつゆ), 고시이부키소금(こしいぶき), 돼지고기야채흑초앙가케(もちぶた野菜黒酢あんかけ) 등을 들 수 있다.

넷째, 차는 말차현미차(抹茶入り玄米茶) 한 개밖에 없었다.

다섯째, 면류로는 시마바라수제국수(島原手延べ素麺), 구마고로냉중화면(熊五郎冷やし中華) 등을 들 수 있다. 한국사람들도 국수, 즉 소면을 먹는다. 하지만 최근에는 밀가루가 몸에 해롭다는 인식이 확산됨에 따라 밀가루가 아닌 다양한 재료의 면이 많이 팔리고 있다.

여섯째, 농수산물로는 구체적으로 덴구풋콩(天狗枝豆(味緑)), 특별재배니타쌀 고시히카리(特別栽培米仁多米こしひかり), 복숭아(桃), 행수배(幸水), 죳파리무(じょっぱり大根), 가지(なす), 가는 파(小ねぎ), 오징어밥(いかめし), 생강(相生姜), 잎새버섯(まい茸), 평지(小松菜), 완두줄기와 잎(豆苗), 오바나자와수박(尾花沢の西瓜), 새송이버섯(エリンギ), 피망(ピーマン), 토마토(トマト), 바나나(バナナ), 바렌시아 오렌지(バレンシアオレンジ), 메이야레몬(メイヤーレモン), 그린키위(グリーンキウイ), 그레이프후르츠(グレープフルーツ), 메바치참치살(目鉢まぐろ切り落とし), 고등어살(しめさば盛り, 소금과 식초 절인 고등어), 고등어절임(しめさばかぶら漬), 은연어단맛살(銀鮭甘口), 무착색명란(無着色明太子, 切れ子), 모듬회(刺身盛り合わせ), 가다랭이회(生かつお刺身用), 참낙지회용(真たこ刺身用),

도야호토마토(洞爺湖トマト), 고등어 튀김(サバの唐揚), 굴튀김(カキフライ), 감자샐러드(ポテトサラダ), 훈제연어(スモークサーモン切り落とし), 델라웨어(デラウェア), ET호박(ET南瓜), 맛김(味のり徳用80) 등을 들 수 있다. 대부분 농수산물 그 자체와 농수산물을 가공한 가공식품들이다. 쌀, 풋콩, 배, 무, 가지, 파, 수박, 피망, 토마토, 바나나, 오렌지, 레몬, 키위, 포도, 호박, 생선회, 튀김, 낙지, 김, 명란젓 등의 농수산물은 한국의 슈퍼에서도 많이 판매된다. 오징어의 경우, 오징어 그 자체는 판매되지만 오징어가 밥(いかめし)의 형태로 판매되는 경우는 본 적이 없다. 에린기(エリンギ)는 새송이버섯을 가리키는데, 일본에서는 외래어를 사용하고 한국에서는 혼종어로 사용하는 것이 이채롭다.

일곱 번째, 드레싱(소스 포함)과 기타이다. 드레싱으로는 생레몬드드레싱(生レモンドレッシング), 순 생바질드레싱(旬·生バジルドレッシング), 생바질소스(生バジルソース) 등의 예가 확인되었다.

기타로는 고베카레(神戸テイスティレトルトカレー), 돼지고기튀김도시락(もちぶた滝田揚げ弁当, 일본식젤리(和風ゼリー), 믹스스낵(素入りミックスナック(스낵), 훌라표감자칩(フラ印ポテトチップス) 등의 예가 확인되었다. 한국의 슈퍼에서도 카레, 젤리, 스낵, 감자칩이 판매된다. 도시락 가격은 한국보다 일본이 훨씬 저렴하며 그 종류도 매우 다양하다.

본 저자는 다른 전단지들도 살펴보았는데 육류와 농수산물 관련 상품들이 가장 많은 비중을 차지하는 것을 확인할 수 있었다. 육류와 농수산물의 유통 기한이 다른 상품에 비해 짧은 것이 그 원인으로 생각된다. 한국에서도 사정은 크게 다르지 않다고 생각된다.

3.2.2 슈퍼마켓 전단지에 명시된 상품 가격

이 절에서는 전단지에 들어간 상품 가격에 대해서 살펴보고자 한다. 어떠한 상품들이 어느 정도의 가격으로 판매되는지를 살펴보는 것은 바로 일본의 물가를 아는 것이고, 나아가 일본사정의 이해로 직결되는 것이기에 매우 중요하다고 할 수 있다. 먼저 육류의 가격부터 살펴보기로 하자.

〈표2〉 육류 가격

육류 상품명	수량 정보	가격정보
소고기(国産牛肩)	-	20% off
돼지고기(越後もちぶたバラ焼肉用)	-	30% off
닭고기튀김(南部どり唐揚)	1個	58円
닭고기구이(南部どりの焼とり)	1串	110円
닭가슴살(南部とりムネ肉)	-	30% off
소시지(越後もちぶたホワイト ウィンナ-)	130g	298円
로스생강구이(ロ-ス生姜焼き)	100g	198円
참깨된장스테이크(ごま味噌ステ-キ)	180g	248円
로스햄슬라이스(越後もちぶたロ-スハムスライス)	100g	418円
돼지가쓰동(もちぶたカツ丼)	1p	398円
멘치가쓰(メンチカツ)	1枚	130円
돼지고기소금갈비 덮밥(もちぶた塩カルビ丼)	1p	398円
돼지고기꼬치가쓰(もちぶた串カツ)	1串	150円
평균	-	240円

〈표2〉를 보면 소고기(国産牛肩)와 돼지고기(越後もちぶたバラ焼肉用)는 구체적인 가격을 명시하지 않고 단순히 20% off, 30% off으로만 명시되어 있다. 일본인 소비자들은 대략 할인되기 전의 가격을 알고 있는 듯하다. 닭고기튀김(南部どり唐揚)는 1개가 58엔, 닭고기구이(南部どりの焼とり)는 1꼬치가 110엔에 팔린다. 닭가슴살(南部とりムネ肉)

은 별도의 단위 없이 30% off로만 명시되어 있다. 소시지(越後もちぶたホワイトウィンナ-)는 130그램이 298엔에 팔린다. 로스생강구이(ロ-ス生姜焼き)는 100그램이 198엔에 팔린다. 참깨된장스테이크(ごま味噌ステ-キ)는 180 g 이 248엔, 로스햄슬라이스(越後もちぶたロ-スハムスライス)는 100 g 이 418엔에 팔린다. 돼지가쓰동(もちぶたカツ丼)은 1p에 398엔, 멘치가쓰(メンチカツ)는 1枚가 130엔에 팔린다. 돼지고기 소금 갈비 덮밥(もちぶた塩カルビ丼)은 1p가 398엔, 돼지고기꼬치가쓰(もちぶた串カツ)는 1串(꼬치)가 150엔에 팔린다. 육류 상품의 평균 가격은 240엔임을 알 수 있다('-'과 off 표시가 된 상품은 제외함.). 한화로 약 3000원 정도의 가격이다.

둘째, 음료 가격 정보에 대해서 살펴보도록 하자. 〈표3〉은 전단지에 실린 음료의 가격 정보를 수록한 것이다.

〈표3〉 음료 가격

음료 상품명	수량 정보	가격 정보
맛있는 프레메이얀 요구르트·저지방 요구르트(おいしいプレメイヤ-ンヨ-グルト·低脂肪ヨ-グルト)	1個(405 g)	179円
아카시아 벌꿀(あかしやハチミツ)	1個(600 g)	990円
히라카사과쥬스(ひらかりんごジュ-ス)	1個(180 g)	100円
미시오네스 와인(ミシオネス·ブリュット)	1瓶(750ミリ)	1290円
쿠퍼스 맥주(ク-パ-ズビ-ル)	1瓶(330ミリ)	299円
평균	-	571円

〈표3〉을 보면 맛있는 프레메이얀 요구르트(おいしいプレメイヤ-ンヨ-グルト)와 저지방 요구르트(低脂肪ヨ-グルト)는 1個(405 g)가 179엔에

팔린다. 아카시아 벌꿀(あかしやハチミツ)는 1個(600 g)가 990엔에 팔린다. 히라카사과쥬스(ひらかりんごジュース)는 1個(180 g)가 100엔, 미시오네스 와인(ミシオネス·ブリュット)는 1瓶(750ミリ)가 1290엔에 팔린다. 쿠퍼스 맥주(クーパーズビール)는 1瓶(330ミリ)가 299엔에 팔린다. 전단지에 실린 음료 상품의 평균 할인 가격은 571엔이다. 한화로 약 6천원 정도이다. 일본사회의 음료 문화는 한국사회의 음료 문화와 크게 이질적이지는 않은 것을 알 수 있다.

셋째, 전단지에 실린 조미료의 가격 정보이다. 다음의 〈표4〉는 조미료의 가격 정보를 정리한 것이다.

〈표4〉 조미료 가격 정보

조미료 상품명	수량 정보	가격 정보
가지유·된장타레(なすの油·みそのたれ)	1本·90 g	50円·139円
농가제조된장(農家づくり味噌)	1.3キロ	1090円
참깨된장면간장(ごまみそめんつゆ)	455 g	499円
호마레간장(誉つゆ)	400ミリ	399円
고시이부키소금(こしいぶき)	5キロ	1800円
돼지고기야채흑초갈분액 (もちぶた野菜黒酢あんかけ)	1p	298円
평균	-	611円

〈표4〉를 보면 가지유(なすの油)는 1병(1本)이 50엔, 된장타레(みそのたれ)는 90 g 이 139엔에 팔리는 것을 알 수 있다. 농가제조된장(農家づくり味噌)은 1.3킬로그램이 1090엔에 팔린다. 참깨된장면간장(ごまみそめんつゆ)은 455 g 이 499엔, 호마레간장(誉つゆ)은 400밀리그램이 399엔에 팔린다. 고시이부키소금(こしいぶき)은 5킬로그램이 1800엔에 팔

리며, 돼지고기야채흑초앙갈분액(もちぶた野菜黒酢あんかけ)는 1p가 298엔에 팔린다. 조미료의 평균 가격은 611엔, 즉 한화로 약 7000원 정도인 것을 알 수 있다. 참깨 된장 면 간장(ごまみそめんつゆ)이 499엔, 호마레쓰유(誉つゆ)가 399엔, 돼지고기야채갈분국물(もちぶた野菜黒酢あんかけ)이 298엔으로 각각 500엔, 400엔, 300엔을 넘지 않은 것이 흥미롭다. 〈표4〉를 통해 일본사회에서도 한국과 마찬가지로 된장, 간장, 소금을 먹는 식문화를 확인할 수 있다. 물론 맛의 차이는 있겠지만 말이다.

넷째, 전단지에 실린 차와 면류의 가격정보에 대해서 살펴보도록 하자. 다음의 〈표5〉는 차와 면류 가격 정보를 수록한 것이다.

〈표5〉 차와 면류 가격 정보

차와 면류 상품명	수량 정보	가격 정보
말차현미차(抹茶入り玄米茶)	200g	399円
시마하라수제국수(島原手延べ素麺)	250g	199円
구마고로냉중화면(熊五郎冷やし中華)	2食	249円
평균	-	282円

〈표5〉를 보면 말차현미차(抹茶入り玄米茶)는 200g이 399엔, 시마하라수제국수(島原手延べ素麺)는 250g이 199엔, 구마고로냉중화면(熊五郎冷やし中華)는 2食(2인분)이 249엔에 팔리는 것을 확인할 수 있다. 차와 면류의 평균 가격이 282엔, 한화 3천원정도임을 알 수 있다. 조미료 가격에서도 보았듯이 말차현미차(抹茶入り玄米茶)가 399엔, 시마하라수제국수(島原手延べ素麺)가 199엔으로 각각 400엔, 200엔 단위를 넘기지 않으려는 판매자의 전략이 돋보인다. 한국에도 현미차, 말차가

있기는 하지만, 현미차와 말차가 혼합된 차가 있는지는 잘 모르겠다. 한국에도 소면이 있고 냉면이 있는데, 최근에는 밀가루 기피 현상으로 밀가루가 아닌 다른 재료로 만든 다양한 면이 한국에서 출시되고 있다.

다섯째, 전단지에 실린 농수산물 가격 정보에 대해서 살펴보자. 다음의 〈표6〉은 농수산물 가격 정보를 정리한 것이다. 다른 상품에 비해 종류가 매우 많은 것을 볼 수 있다.

〈표6〉 농수산물 가격 정보

농수산물 상품명	수량 정보	가격 정보
텐구 풋콩(天狗枝豆·味緑)	1袋	10% off
특별재배미니타쌀고시히카리(特別栽培米仁多米こしひかり)	5キロ	2769円
복숭아(桃)	1個	150円
배(幸水)	1個	199円
줏파리무(じょっぱり大根)	1本	198円
가지(なす)	1本	50円
가는파(小ねぎ)	1束	100円
오징어밥(いかめし)	1パック	358円
생강(相生姜)	1袋	100円
잎새버섯(まい茸)	1p	100円
순무(小松菜)	1束	100円
완두줄기와 잎(豆苗)	1p	100円
수박(尾花沢の西瓜)	–	特価
새송이버섯(エリンギ)	1p	100円
피망(ピ-マン)	1袋	100円
토마토(トマト)	1個	100円
바나나(市場の活力バナナ)	1p	150円
발렌시아오렌지(バレンシアオレンジ)	1個	100円
메이야레몬(メイヤ-レモン)	1個	100円
그린키위(グリ-ンキウイ)	1個	100円
그레이프후르츠(グレ-プフル-ツ)	1個	100円

메바치참치절편, 붉은살(目鉢まぐろ切り落し, 赤身)	100g	338円
고등어살(しめさば盛り)	1盛	358円
고등어절임(しめさばかぶら漬)	1팩(パック)	358円
은연어단맛살(銀鮭甘口)	1切	98円
무착색명태알(無着色明太子)	100g	298円
모듬회(刺身盛合せ)	1p(4点盛)	980円
생가다랭이회(生かつお刺身用)	–	特価
참낙지회(真たこ刺身用)	100g	228円
토마토(洞爺湖トマト)(大玉)	1個	150円
고등어튀김(サバの唐揚)	1切	100円
굴튀김(カキフライ)	1個	93円
감자샐러드(ポテトサラダ)	大・1p	298円
훈제연어살(スモ-クサ-モン切落し)	100g	338円
델라웨어(デラウェア)	1個	150円
호박(ET南瓜)	1／4切	199円
맛김(味のり徳用80)	10切れ80枚	299円
평균	–	275円

〈표6〉의 농산물 가격을 보자. 텐구풋콩(天狗枝豆・味緑)은 1봉지(1袋)가 10%가 할인된 가격으로 팔린다. 특별재배미니타쌀고시히카리(特別栽培米仁多米こしひかり)는 5킬로그램이 2769엔, 복숭아(桃)는 1개(1個)가 150엔, 배(幸水)는 1개(1個)가 199엔에 팔린다. 죳파리무(じょっぱり大根)는 1개(1本)가 198엔, 가지(なす)는 1개(1本)가 50엔, 가는파(小ねぎ)는 1단(1束)이 100엔에 팔린다. 오징어밥(いかめし)은 1팩(1パック)이 358엔, 생강(相生姜)은 1봉지(1袋)가 100엔, 잎새버섯(まい茸)은 1팩(1p)이 100엔, 순무(小松菜)는 1단(1束)이 100엔에 팔린다. 완두줄기잎(豆苗)은 1p가 100엔, 수박(尾花沢の西瓜)은 특가로 표시되었으며, 새송이버섯(エリンギ)은 1팩(1p)이 100엔, 피망(ピ-マン)은 1봉지(1袋)가 100엔, 토마토(トマト)는 1개가 100엔, 바나나(市場の活力バナナ)는 1꾸러미(1p)

가 150엔, 오렌지(バレンシアオレンジ)는 1개가 100엔에 팔린다. 레몬(メイヤ-レモン), 키위(グリ-ンキウイ), 그레프후르츠(グレ-プフル-ツ)는 1개당 각각 100엔, 메바치참치절편(目鉢まぐろ切り落し)과 참치 붉은살(赤身)은 100그램이 338엔, 고등어살(しめさば盛り)은 1모듬(1盛)이 358엔, 고등어절임(しめさばかぶら漬)는 1팩이 358엔에 팔린다. 은연어단맛살(銀鮭甘口)은 1절편(1切)이 98엔에 팔린다. 무착색명태알(無着色明太子)은 100g이 298엔, 생선모듬회(刺身盛合せ)는 1p(4点盛, 4점 모듬)이 980엔, 생가다랭이회(生かつお刺身用)는 100g이 특가로 팔린다. 참낙지회(真たこ刺身用)는 228엔에 팔린다. 토마토(洞爺湖トマト/大玉, 굵은 씨알) 1個가 150엔, 고등어튀김(サバの唐揚)은 1개(1切)가 100엔, 굴튀김(カキフライ)은 1個가 93엔에 팔린다. 감자샐러드(ポテトサラダ)는 큰 것(大) 1p가 298엔, 훈제연어살(スモ-クサ-モン切落し)은 100g이 338엔, 델라웨어(デラウェア)는 1個가 150엔, 호박(ET南瓜)은 4분의 1조각(1／4切)이 199엔에 팔린다. 맛김(味のり徳用80)은 10절(10切れ) 80장(80枚)이 299엔에 팔린다. 농수산물의 평균 가격은 275엔으로 약 3천 원 정도임을 알 수 있다. 〈표6〉에 수록된 농수산물은 몇 몇 농수산물을 제외하고는 한국의 슈퍼마켓에서도 대부분 판매되는 것이다. 흥미로운 것은 맛김(味のり徳用80)이 299엔, 호박(ET南瓜)이 199엔, 감자샐러드(ポテトサラダ)가 298엔, 모듬회(刺身盛合せ)가 980엔, 무착색명태알(無着色明太子)이 298엔, 은연어단맛살(銀鮭甘口)이 98엔, 죳파리무(じょっぱり大根)가 198엔, 배(幸水)가 199엔으로 해당 백 단위를 넘지 않는다는 점이다. 농수산물의 가격, 특히 과일은 한국보다는 매우 비싼 편이다.

여섯째, 전단지에 수록된 드레싱과 기타 가격 정보를 살펴보도록 하

자. 다음의 〈표7〉은 드레싱과 기타 가격 정보를 정리한 것이다.

〈표7〉 드레싱과 기타 가격 정보

기타 상품명	수량 정보	가격 정보
생레몬드레싱(生レモンドレッシング)	300미리(ミリ)	599円
순·생바질드레싱(旬·生バジルドレッシング)	280미리(ミリ)	799円
생바질소스(生バジルソース)	110g	1190円
고베카레(神戸テイスティレトルトカレー)	1人前	199円
돼지고기튀김도시락(もちぶた滝田揚げ弁当)	1P	398円
일본식젤리(和風ゼリー)	1個	95円
믹스스낵(素煎りミックスナック)	270g	799円
훌라표감자칩(フラ印ポテトチップス)	170g	259円
평균	-	542円

〈표7〉의 드레싱과 기타 가격을 보자. 생레몬드레싱(生レモンドレッシング)은 300밀리그램(ミリ)이 599엔, 순·생바질드레싱(旬·生バジルドレッシング)은 280밀리그램(ミリ)이 799엔, 생바질소스(生バジルソース)는 110g이 1190엔, 고베카레(神戸テイスティレトルトカレー)는 1인분(1人前)이 199엔, 돼지고기튀김도시락(もちぶた滝田揚げ弁当)은 1P가 398엔, 일본식젤리(和風ゼリー)는 1개(1個)가 95엔, 믹스스낵(素煎りミックスナック)은 270g이 799엔, 훌라표감자칩(フラ印ポテトチップス)은 170g이 259엔에 팔린다. 일본의 슈퍼마켓 물가가 한국에 비해 비싼 편인지, 아닌지는 평소에 슈퍼마켓을 자주 이용하는 학습자라면 충분히 비교가 가능할 것이다. 비싼 편이든, 싼 편이든 그 결과가 결국 일본사정의 이해로 귀결될 것이라는 점은 분명하다. 드레싱과 기타 상품의 평균 가격은 542엔임을 알 수 있다. 한화로 약 6천 원 정도이다. 훌라표감자칩(フラ印ポテトチップス)을 제외한 나머지 상품 가격들이 모두 해

당 백(천, 십) 단위의 끝자리를 유지하고 있는 것을 볼 수 있다.

지금까지 전단지에 수록된 상품들의 가격 정보에 대해서 살펴보았는데, 상품 카테고리 별로 평균 가격을 정리하면 다음의 〈표8〉과 같다.

〈표8〉 상품별 평균 가격

각 상품명	평균 가격
육류	240円
음료	571円
조미료	611円
차와 면류	282円
농수산물	275円
드레싱 및 기타	542円
전체 평균	420円

위의 〈표8〉을 보면 전단지에 실린 상품의 전체 평균 가격은 420엔으로 한화 5천 원 정도임을 알 수 있다. 5천원 남짓한 가격으로 고객들을 유인하는 셈이다. 음료, 드레싱, 조미료가 가격이 비교적 비싼 편이며, 나머지는 모두 200엔대로 저렴하다.

3.2.3 슈퍼마켓 전단지에 명시된 상품 단위

이미 확인한 바와 같이 전단지에는 상품의 가격 정보와 함께 단위도 표시된다. 단위명을 아는 것도 역시 일본사정을 이해할 수 있는 단서가 되므로 매우 중요하다고 할 수 있다. 모든 상품들이 동일한 단위명으로 판매되지 않고 상품별로 제각기 다른 단위가 매겨지기 때문이다.

본 저자는 전단지에 표시된 단위와 상품 수 그리고 비율을 살펴보았는데, 다음의 〈표9〉와 같은 결과를 얻을 수 있었다.

〈표9〉 상품 단위명

個	串	g	枚	P	瓶	本	ミリ	キロ	食	袋	束	パック	切	前	盛	房	―	전체
14	2	14	1	10	2	3	3	3	1	3	2	2	4	1	1	1	5	72개
21	3	19	1	13	3	4	4	4	1	4	3	3	6	1	1	1	7	%

첫째, 個를 단위로 하는 상품으로 14개의 예가 확인되었다. 닭고기튀김(南部どり唐揚), 요구르트 및 저지방 요구르트(おいしいプレメイヤーンヨーグルト·低脂肪ヨーグルト(個g)), 아카시아벌꿀(あかしやハチミツ), 히라카사과쥬스(ひらかりんごジュース), 복숭아(桃), 배(幸水), 토마토(トマト), 바렌시아오렌지(バレンシアオレンジ), 메이야레몬(メイヤーレモン), 그린키위(グリーンキウイ), 그레이프후르츠(グレープフルーツ), 굴튀김(カキフライ), 일본식젤리(和風ゼリー), 도야호토마토(洞爺湖トマト) 등을 들 수 있다. 주로 과일에 個라는 단위가 사용된 것을 알 수 있었다. 둘째, 串를 기본 단위로 하는 상품으로 두 개의 예가 확인되었다. 닭구이(南部どりの焼とり), 돼지고기꼬치가쓰(もちぶた串カツ) 등을 들 수 있다. 주로 꼬챙이에 끼우는 형태로 판매되는 닭고기와 돼지고기가 그 대상이 되는 것임을 알 수 있다. 셋째, g 즉 그램을 단위로 하는 상품으로는 총 14개가 있었다. 소시지(越後もちぶたホワイトウィンナー), 로스생강구이(ロース生姜焼き), 참깨된장스테이크(ごま味噌ステーキ), 로스햄슬라이스(越後もちぶたロースハムスライス), 참깨된장면간장(ごまみそめんつゆ), 믹스스낵(素煎りミックスナック), 훌라표감자칩(フラ印ポテ

トチップス), 말차현미차(抹茶入り玄米茶), 시마하라수제국수(島原手延べ素麵), 메바치참시붉은살(目鉢まぐろ切り落し), 생바질소스(生バジルソース), 무착색명태알(無着色明太子), 참낙지회(真たこ刺身用), 훈제연어살(スモークサーモン切落し) 등을 들 수 있다. 한국의 슈퍼마켓에서도 유사한 양상을 보일 것으로 예상된다. 넷째, 枚를 단위로 하는 상품으로는 멘치가쓰(メンチカツ)가 확인되었다. 다섯째, P를 단위로 하는 상품으로는 모두 10개의 예가 확인되었다. 돼지고기가쓰덮밥(もちぶたカツ丼), 돼지고기소금갈비덮밥(もちぶた塩カルビ丼), 돼지고기야채흑초앙카케(もちぶた野菜黒酢あんかけ), 잎새버섯(まい茸), 완두줄기와 잎(豆苗), 새송이버섯(エリンギ), 바나나(市場の活力バナナ), 감자샐러드(ポテトサラダ), 돼지고기튀김도시락(もちぶた滝田揚げ弁当), 모듬회(刺身盛合せ) 등의 예를 들 수 있다. 여섯째, 瓶을 단위로 하는 상품으로 미시오네스 와인(ミシオネス・ブリュット), 쿠퍼맥주(クーパーズビール)가 확인되었다. 일곱째, 本을 단위로 하는 상품으로 가지유・된장타레(なすの油・みそのたれ), 좃파리무(じょっぱり大根), 가지(なす)에 보듯 3개의 예가 확인되었다. 가지유・된장타레(なすの油・みそのたれ)는 本과 g이 병기되어 있었다. 여덟 번째, 밀리(ミリ)를 기본 단위로 하는 상품으로 호마레쓰유(誉つゆ), 생레몬드레싱(生レモンドレッシング), 바질드레싱(旬・生バジルドレッシング)에 보듯 모두 3개의 예를 확인할 수 있었다. 아홉 번째, 킬로그램(キロ)를 단위로 하는 상품으로 된장(農家づくり味噌), 소금(こしいぶき), 쌀(特別栽培米仁多米こしひかり)이 있었다. 열 번째, 食을 단위로 하는 상품으로 구마고로냉중화면(熊五郎冷やし中華)이 확인되었다. 食은 우리말의 개념으로 '끼'에 해당한다. 열한 번째,

袋를 단위로 하는 상품으로 텐구풋콩(天狗枝豆·味緑), 생강(相生姜), 피망(ピーマン) 등의 예가 확인되었다. 열두 번째, 束을 단위로 하는 상품으로는 가는 파(小ねぎ), 순무(小松菜)가 확인되었다. 열세 번째, 팩(パック)을 단위로 하는 상품으로 오징어밥(いかめし), 고등어절임(しめさばかぶら漬)이 확인되었다. 열네 번째, 切을 단위로 하는 상품으로 총 4개의 예가 확인되었는데, 구체적으로 은연어단맛살(銀鮭甘口), 고등어튀김(サバの唐揚), 호박(ET南瓜), 맛김(味のり徳用80) 등을 들 수 있다. 열다섯 번째, 前를 단위로 하는 상품으로 1개의 예가 확인되었다. 코베카레(神戸テイスティレトルトカレー)가 그것이다. 前는 우리말로 하면 '분'이라는 뜻이다. 예를 들어 2人前는 2인분을 의미한다. 열여섯 번째, 盛를 단위로 하는 상품으로 고등어모듬(しめさば盛り)가 확인되었다. 열일곱 번째, 房를 단위로 하는 상품으로 델라웨어(デラウェア)가 확인되었다. 마지막으로 단위가 생략된 상품으로는 소고기(国産牛肩), 돼지고기구이용(越後もちぶたバラ焼肉用), 닭가슴살(南部とりムネ肉), 수박(尾花沢の西瓜), 생가다랭이회(生かつお刺身用)에 보듯 총 5개의 예가 확인되었다. 이들 상품은 단위가 없다고 보기보다 파격세일을 위해 의도적으로 단위를 생략한 것으로 보인다. 혹은 소비자들이 그 상품들의 단위를 이미 알고 있다고 생각하여 처음부터 단위를 생략했을 수도 있다.

3.2.4 슈퍼마켓 전단지에 명시된 상품의 표기 자종

슈퍼마켓 전단지에 명시된 상품의 표기 자종을 살펴본 결과, 〈표10〉과 같은 결과를 얻을 수 있었다. 〈표10〉을 보면 가타가나형으로 표기된 상품명이 51%로 가장 많고, 그다음이 한자가나형(47%)인 것을 알 수 있다.

〈표10〉 상품의 표기 자종

	한자가나형	가타가나형	알파벳형	숫자형	합계
갯수	34개	37개	1개	1개	73개
백분율	47%	51%	1%	1%	100%

이하의 한자가나형은 상품명이 한자만으로 표기되었거나 히라가나가 한 글자라도 들어간 경우를 말한다. 가타가나형은 상품명이 가타가나로만 표기되었거나 가타가나가 한 글자라도 들어간 경우이다. 알파벳형은 상품명이 알파벳만으로만 표기되었거나 알파벳이 한 글자라도 들어간 경우를 가리킨다. 숫자형은 상품명이 숫자로만 표기되었거나 숫자가 한 글자라도 들어간 경우를 말한다.

첫째, 한자가나형 자종으로 표기된 상품명으로는 熊五郎冷やし中華, 誉つゆ, 抹茶入り玄米茶, 島原手延べ素麺, 特別栽培米仁多米こしひかり, 天狗枝豆(味緑), 幸水, しめさばかぶら漬, いかめし, 小ねぎ, 相生姜, まい茸, 小松菜, 豆苗, 桃, 目鉢まぐろ切り落し, しめさば盛り, 銀鮭甘口, 無着色明太子, 国産牛肩, 南部どり唐揚, 南部どりの焼とり, 刺身盛合せ, 生かつお刺身用, 真たこ刺身用, じょっぱり大根, なす, なすの油·みそのたれ, 尾花沢の西瓜, 農家づくり味噌, ごまみそめんつゆ, こしいぶき, もちぶた滝田揚げ弁当,もちぶた野菜黒酢あんかけ 등의 예가 확인되었다.

둘째, 가타가나형 자종으로 표기된 상품명으로는 おいしいプレメイヤ-ンヨ-グルト, 低脂肪ヨ-グルト, あかしやハチミツ, 神戸テイスティレトルトカレ-, ひらかりんごジュ-ス, 和風ゼリ-, 素煎りミックスナック, ミシオネス·ブリュット, 洞爺湖トマト, 越後もちぶたバラ焼肉用, 南部とりム肉, 越後もちぶたホワイトウィンナ-, エリンギ, ピ-マン, トマト, 市場の活力バナナ, バレンシアオレンジ, メイヤ-レモン, デラウェア, グリ-ンキウイ, グレ-プフル-ツ, サバの唐揚, カキフライ, ポテトサラダ, スモ-クサ-モン切落し, 生レモンドレッシング, 旬·生バジルドレッシング, 生バジルソ-ス, ク-パ-ズビ-ル, フラ印ポテトチップス, ロ-ス生姜焼き, ごま味噌ステ-キ, 越後もちぶたロ-スハムスライス, もちぶたカツ丼, メンチカツ, もちぶた塩カルビ丼, もちぶた串カツ 등의 예가 확인되었다.

마지막으로 알파벳 자종과 숫자형 자종으로 표기된 상품명으로는 각각 ET南瓜와 味のり徳用80을 들 수 있다.

3.2.5 슈퍼마켓 전단지에 명시된 상품의 광고 문구

일본의 슈퍼마켓 전단지를 보면 한국의 전단지와는 달리, 광고 문구도 충실히 사용되고 있는 점을 볼 수 있다. 광고 문구의 기능은 해당 상품에 숨어 있는 참된 정보를 전달하는 데에 있다고 생각한다. 눈에 보이지 않는 상품 정보를 소비자에게 전달함으로써 해당 상품의 가치를 드높이기는 데에 그 목적이 있다고 여겨진다. 이 절에서는 전단지에 들어간 상품의 광고 문구에 대해서 살펴보도록 하겠다.

먼저 육류 광고부터 살펴보도록 하자. 다음의 〈표11〉은 육류 광고 문구를 나타낸 것이다.

〈표11〉 슈퍼마켓 전단지의 육류 상품 문구

육류 상품명	광고 문구
소고기(国産牛肩)	お手軽に、安心安全な国産牛を。
돈육(越後もちぶたバラ焼肉用)	焼肉にピッタリ!! 駒込店 南大沢店で大ヒット
닭고기 튀김(南部どり唐揚)	柔らかくとってもジューシ-な仕上がりは, 絶品!
닭고기 구이(南部どりの焼とり)	お惣菜南部どりの日! お夕方4時より!
닭가슴살(南部とりムネ肉)	毎年売れてきているムネ肉。サラダ・バンバンジ-に
소시지(越後もちぶたホワイトウィンナ-)	新商品。レモンの酸味とタマネギの甘さを加えた爽やかな味のノンスモ-クウィンナ-
로스생강구이(ロ-ス生姜焼き)	この時期にピッタリ生姜タップリと!
참깨된장스테이크(ごま味噌ステ-キ)	胡麻の風味がたまらない人気商品!サカガミ限定商品!
로스햄슬라이스(越後もちぶたロ-スハムスライス)	新鮮な越後もちぶたを原料に14日間熟成。増量剤等を使用していないので、生の豚ロ-スよりも小さくなりますが、これが本来のロ-スハムの形です。ハムステ-キにもどうぞ!
돼지가쓰덮밥(もちぶたカツ丼)	安心・安全もちぶたのおススメお惣菜!
멘치가쓰(メンチカツ)	安心・安全もちぶたのおススメお惣菜!
돼지소금갈비덮밥(もちぶた塩カルビ丼)	安心・安全もちぶたのおススメお惣菜!
돼지고기꼬치가쓰(もちぶた串カツ)	安心・安全もちぶたのおススメお惣菜!

〈표11〉을 보면 육류 상품의 광고 문구가 상품의 장점, 안전, 탁월한 선택 등에 초점이 두어져 있는 것을 알 수 있다.

둘째, 음료 광고 문구를 보도록 하자.

〈표12〉음료 광고 문구

음료 상품명	광고 문구
맛있는 프레메이얀요구르트·저지방요구르트(おいしいプレメイヤーンヨーグルト·低脂肪ヨーグルト)	腸を整えて、夏バテ知らず!
아카시아벌꿀(あかしやハチミツ)	クセがなく使い易いあかしやハチミツ。お料理にも!
히라카사과쥬스(ひらかりんごジュース)	秋田県の平鹿産りんごのみを使ったストレートジュース! 凍らせてシャーベットとしても!
미시오네스 와인(ミシオネス·ブリュット)	十字架の金ラベルスパークリンク! 金メダルスパークです。
쿠파맥주(クーパーズビール)	ビール本来の旨さを味わえます! 通常の3~4倍の麦芽を使い、添加物を一切加えずに瓶内二次発酵させるという昔ながらの製法で作られるこだわりのビール。

계절에 맞게 음료수 구입을 통해서 한 여름 더위 대책을 고려한 내용이 주류를 이루는 것을 알 수 있다. 위의 〈표12〉에서 몇 가지 특징적인 점을 살펴보면 맛있는 프레메이얀 요구르트·저지방요구르트(おいしいプレメイヤーンヨーグルト·低脂肪ヨーグルト)에는 맛있다(おいしい)와 저지방(低脂肪)이란 정보가 상품명에 이미 들어가 있다. 광고 문구로 이들 요구르트가 장을 편안하게 하고 여름 더위를 나게 하는 데에 큰 역할을 한다는 내용이 들어가 있다. 한국사회에서는 요구르트가 장에 쌓인 노폐물을 제거함으로써 장을 편안하게 한다는 사실은 비교적 상식화되어 있지만 요구르트가 여름 더위를 잊게 한다는 점에 대해서는

그리 인식이 되어 있지 않은 편이다. 히라카사과주스(ひらかりんごジュース)는 히라카사과(ひらかりんご)에서 보듯 이미 상품명에 원산지가 들어가 있다. 한국에서 영주사과, 안동사과가 유명한 것처럼 아키타(秋田)의 히라카(平鹿) 사과가 매우 유명하다. 광고 문구를 보면 아키타현의 히라카산 사과로 주스를 만들었다는 점, 얼려서 샤베트로 먹을 수 있음을 부각시켰다.

셋째, 조미료 광고 문구이다.

〈표13〉 조미료 광고 문구

조미료 상품명	광고 문구
가지유·된장 타레(なすの油·みそのたれ)	昔ながらの懐かしさを感じる味わい。茄子を炒めてからめるだけ!
농가제조된장(農家づくり味噌)	夏バテ防止!! しっかり食事を!
참깨된장면간장(ごまみそめんつゆ)	化学調味料無添加 素麺やいろんな料理に!
호마레쓰유(誉つゆ)	かつおのだしがしっかり効いてるストレートつゆ!そば·素麺に!
고시이부키소금(こしいぶき)	夏バテ防止!! しっかり食事を!
모치부타야채흑초앙카케(もちぶた野菜黒酢あんかけ)	安心·安全もちぶたのおススメお惣菜!

넷째, 차와 면류 광고 문구를 정리하면 다음의 〈표14〉와 같다.

〈표14〉 차와 면류 광고 문구

차와 면류 상품명	광고 문구
말차현미차(抹茶入り玄米茶)	玄米の香ばしさが抜群です!ほんのり甘味のあるお茶です!
시마바라수제국수(島原手延べ素麺)	のど越しのよい島原素麺!当社人気No. 1の素麺です!
구마고로냉중화면(熊五郎冷やし中華)	サガカミの中では不動の一位。ちょうどよい味♪

다섯째, 농수산물 광고 문구를 정리하면 〈표15〉와 같다.

〈표15〉 농수산물 광고 문구

농수산물 상품명	광고 문구
텐구풋콩(天狗枝豆·味緑)	豆の美味しさと茶豆の風味を併せ持つ、すごい枝豆。
니타고시히카리(仁多米こしひかり)	特別栽培米
복숭아(桃)	—
배(幸水)	水分たっぷりの梨!
죳파리무(じょっぱり大根)	青森の八甲田山のふもと標高約750Mぐらいで栽培しています。この大根はジューシーで辛みが少ないのでサラダがおすすめです。
배(なす)	—
가는파(小ねぎ)	—
오징어밥(いかめし)	買い置きOK。常温保存可能です。大きさも満足。
생강(相生姜)	—
잎새버섯(まい茸)	—
순무(小松菜)	—
완두줄기잎(豆苗)	—
수박(尾花沢の西瓜)	昼夜の温度差が生む最高の旨さ!
새송이버섯(エリンギ)	—
피망(ピーマン)	—
토마토(トマト)	—
바나나(バナナ)	市場の活力
오렌지(バレンシアオレンジ)	—
레몬(メイヤーレモン)	—
그린키위(グリーンキウイ)	—
그레이프후르츠(グレープフルーツ)	—
참치살(目鉢まぐろ切り落し(赤身))	毎週火曜日はまぐろ切り落としがお買い得な日。丼やそのままおつまみに。
고등어모듬(しめさば盛り)	肉厚!!脂のり良し!!サカガミで人気の肉厚しめさばです。味付けも酸っぱすぎず甘さも程よく食べやすい。脂ものっています。
고등어절임(しめさばかぶら漬)	夏場にぴったりのしめ鯖です。酢の物, 和え物にも。

은연어단맛살(銀鮭甘口)	人気の鮭が大特価!毎週恒例人気の鮭がお買い得な日。脂がのっていて冷めても美味しいんです。お弁当,おにぎりに。
무착색명태알(無着色明太子(切れ子))	人気の明太子を大特売!カット済みです。まな板,包丁汚しません。使い勝手もよい美味しい明太子です。
생선회모듬(刺身盛合せ)	やっぱり生が美味しい!しっかり脂ものった生まぐろが入荷中。しっとり濃厚な味わいを是非!
생가다랑어회(生かつお刺身用)	旬のかつおは脂のり抜群です。マグロにも負けない美味しさです。
참낙지회(真たこ刺身用)	美味·たこのカルパッチョ!タコは高たんぱく低カロリ-,タウリン豊富で夏バテにも良いんです。用途も色々です。
도야코토마토(洞爺湖トマト(大玉))	この時期人気No. 1!夏のトマトはこれ!洞爺湖のほとりで,丁寧につくっています!
고등어튀김(サバの唐揚)	オススメのお惣菜!
굴튀김(カキフライ)	とってもジュ-シ-で甘みのあるカキフライ!
감자튀김(ポテトサラダ)	野菜たっぷりポテトサラダの日!
훈제연어살(スモ-クサ-モン切落し)	生レモンドレッシングで簡単マリネ!おつまみ,マリネ,カルパッチョに。レモンドレッシングとの相性抜群です。
델라웨어(デラウェア)	―
호박(ET南瓜)	ホクホクの甘-い南瓜です。
맛김(味のり徳用80)	有明産の海苔を化学調味料を使わずに味付け!止まらない美味しさ!

위의 〈표15〉를 보면 광고문구가 있는 것도 있고 없는 것도 있다. 없는 것보다는 있는 것이 많다. 광고 문구가 있는 것만을 살펴보면 텐구풋콩(天狗枝豆·味緑)에서는 콩의 맛과 풍미를 공유하는 점이 부각되었다. 니타미고시히카리(仁多米こしひかり)에서는 특별 재배된 것이 부각되었으며 행수(幸水)에서는 수분의 풍부함이 부각되었다. 즛파리무(じ

ょっぱり大根)의 경우는 아오모리의 핫코다의 산기슭(표고 750미터)에서 재배된 점, 즙이 많고 덜 맵기 때문에 샐러드로 만들어 먹기에 좋다는 점이 부각되었다. 오징어밥(いかめし)에서는 구입해서 당장 먹지 않아도 되는 점, 상온 보관이 가능한 점, 적당한 크기 등을 전달하였다. 수박(尾花沢の西瓜)의 경우는 주야의 온도차가 큰 곳(오바나자와)에서 재배되어 그 맛이 일품이라는 문구가 표시되었다. 바나나(バナナ)의 경우는 맛보다는 시장의 활력이라는 이미지가 강조되었다. 메바치참치붉은살(目鉢まぐろ切り落し(赤身))에서는 덮밥요리나 안주로 사용이 가능하며, 매주 화요일에 매우 싼값에 구입이 가능하다는 부가 정보를 전달하고 있다. 고등어모듬(しめさば盛り)에서는 육질이 좋고 기름기가 풍부하다는 점, 사카가미 식품회사에서 인기리에 판매된다는 점, 신맛이 강하지 않고 단맛이 나서 먹기가 좋다는 점을 강조하고 있다. 나머지 상품의 광고 문구는 〈표15〉를 참조하길 바란다.

마지막으로 드레싱과 기타 상품의 광고 문구를 정리하면 다음의 〈표16〉과 같다.

〈표16〉 드레싱과 기타 광고 문구(이하 번역)

기타 상품명	광고 문구
생레몬드레싱(生レモンドレッシング)	サ-モンに!
순·생바질드레싱(旬·生バジルドレッシング)	バジル園の朝積みバジルをその日のうちに仕上げる鮮度。サラダにはもちろん,蒸し野菜やポテトと炒めてみたり,カッペリ-ニと和えたり。シ-フ-ドとの相性もバツグン!

생바질소스(生バジルソ-ス)	バジル園の朝積みバジルをその日のうちに仕上げる鮮度。サラダにはもちろん, 蒸し野菜やポテトと炒めてみたり, カッペリ-ニと和えたり。シ-フ-ドとの相性もバツグン!
코베카레(神戸テイスティレトルトカレ-)	ハ-ブと香辛料が活きたレトルトカレ-!
돼지고기튀김도시락(もちぶた滝田揚げ弁當)	安心·安全もちぶたのおススメお惣菜!
일본식젤리(和風ゼリ-)	つかの間の涼味を味わうには最適な量目です。
믹스스낵(素煎りミックスナック)	オリンピックを見ながらミックスナックをつまみにどうぞ!
훌라표감자칩(フラ印ポテトチップス)	—

슌•나마비지르드 드레싱(旬·生バジルドレッシング)과 생바질소스(生バジルソ-ス)에서는 드레싱의 신선함, 다양한 요리에 들어가며 다양한 요리 방식이 가능한 점을 전달하고 있다. 믹스낵(素煎りミックスナック)에서는 올림픽을 시청하면서 해당 상품을 맥주안주로 삼아 섭취하길 바라는 메시지가 표시되어 있다. 나머지 상품의 광고 문구에 대해서는 〈표16〉을 참조하길 바란다.

3.2.6 슈퍼마켓 전단지에 명시된 상품의 원산지

개인적으로 본 저자가 현재 거주하는 집 인근의 슈퍼마켓(마트)에서 배포하는 전단지를 면밀히 살펴본 결과, 상품의 원산지는 거의 표시되어 있지 않았다. 반면에, 본 저자는 수많은 일본 슈퍼마켓 전단지에서 원산지(생산 지역(국가), 제조공장)가 표시되어 있는 것을 확인하였다. 본

서에서 제시하는 슈퍼마켓 전단지에도 물론 원산지가 충실히 표시되어 있었는데, 이하 상품별로 표시된 원산지를 보기로 한다. 괄호 안의 명사는 원산지를 가리킨다. 〈표17〉을 보면 육류 상품의 경우 대부분 원산지가 일본 국내임을 알 수 있다. 수입산이 하나도 없다는 점이 매우 특징적이다.

〈표17〉 육류 상품 원산지 표시

육류 상품명	원산지 표시 정보
소고기(国産牛肩)	日本
돼지구이(越後もちぶたバラ焼肉用)	越後もちぶた
남부닭튀김(南部どり唐揚)	岩手県
남부닭구이(南部どりの焼とり)	岩手県
남부닭가슴살(南部とりムネ肉)	岩手県
화이트비엔나소시지(越後もちぶたホワイトウィンナ-)	越後もちぶた
로스생강구이(ロ-ス生姜焼き)	越後もちぶた
참깨된장스테이크(ごま味噌ステ-キ)	マツイフ-ズ
로스햄슬라이스(ロ-スハムスライス)	越後もちぶた
돼지가스동(もちぶたカツ丼)	越後もちぶた
멘치까스(メンチカツ)	越後もちぶた
돼지소금갈비동(もちぶた塩カルビ丼)	越後もちぶた
돼지고기고치구이(もちぶた串カツ)	越後もちぶた

〈표17〉에서 에치고(越後)는 옛 지명으로 지금의 니가타현(新潟県)에 해당한다. 모치부타(もちぶた)는 육질이 연하고 맛이 좋은 것으로 정평이 나있다. 에치고모치부타(越後もちぶた)는 니가타현의 대표적 브랜드이며 제주흑돼지와 같은 개념으로 생각하면 된다. 에치고모치부타는 단지 돈육만을 생산하지 않으며 〈표17〉에서 보듯 돈육을 재료로 하여 다양한 가공상품을 생산하는 것을 볼 수 있다. 国産牛肩의 '国産'은 일본을 의미하며 특정 지역은 명시되어 있지 않다.

둘째, 〈표18〉에서 보듯 음료 상품의 경우에도 전단지에 원산지가 표시되어 있다.

〈표18〉 음료 원산지 표시

음료 상품명	원산지 표시 정보
맛있는 플레인 요구르트·저지방요구르트(おいしいプレメイヤーンヨーグルト·低脂肪ヨーグルト)	タカハシ乳業
아카시아벌꿀(あかしやハチミツ)	サカガミ
히라카사과쥬스(ひらかりんごジュース)	大成食品
미시오네스 와인(ミシオネス·ブリュット)	チリ·ラペルヴァレー
쿠퍼맥주(クーパーズビール)	オーストラリア

위의 요구르트, 벌꿀, 쥬스는 일본의 식품회사가 원산지이다. 이것에 반해서 미시오네스 와인(ミシオネス·ブリュット)은 칠레가 원산지이며, 쿠퍼맥주(クーパーズビール)는 오스트레일리아가 원산지이다. 일본 국내에서 생산되는 와인과 맥주는 할인 대상이 되지 않는 것이 이채롭다.

셋째, 조미료의 경우도 원산지가 표시되어 있다. 다음의 〈표19〉는 조미료의 원산지를 수록한 것이다.

〈표19〉 조미료 원산지 표시

조미료 상품명	원산지 표시 정보
가지유·된장타레(なすの油·みそのたれ)	岩手県
농가제조된장(農家づくり味噌)	サカガミ
참깨된장면간장(ごまみそめんつゆ)	ポールスタア
호마레간장(誉れつゆ)	サカガミ
고시이부키(こしいぶき)	新潟直送
돼지야채흑초갈분액(もちぶた野菜黒酢あんかけ)	越後もちぶた

〈표19〉를 보면 조미료는 모두 일본이 원산지임을 알 수 있다. 고시이

부키(こしいぶき)의 원산지가 니가타인 것을 보면 니가타가 소금의 생산지임을 알 수 있다. 사카가미(サカガミ)와 폴스타(ポールスタア)는 일본 국내의 식품회사명이다.

넷째, 차와 면류의 원산지도 전단지에 명시되어 있다. 다음의 〈표20〉은 차와 면류의 원산지를 나타낸 것이다. 모두 일본의 식품회사가 원산지임을 알 수 있다.

〈표20〉 차와 면류 원산지

차와 면류 상품명	원산지 표시 정보
말차현미차(抹茶入り玄米茶)	サカガミ
시마하라수제국수(島原手延べ素麺)	サカガミ
구마고로냉중화면(熊五郎冷やし中華)	東京三八

다섯째, 일본 슈퍼의 전단지에는 농수산물의 원산지도 명시되어 있다. 예를 들어 텐구풋콩(天狗枝豆·味緑)은 군마현(群馬県), 니타미코시히카리(仁多米こしひかり)는 시마네현(島根県), 복숭아(桃)는 야마가타현(山形県), 배(幸水)는 치바현(千葉県), 죳파리무(じょっぱり大根)는 아오모리 구로이시시(青森県黒石市), 가지(なす)는 이와테현(岩手県)이 원산지로 표기되어 있다. 가는파(小ねぎ)는 오이타현(大分県), 오징어밥(いかめし)은 산토쿠(三徳, 식품회사), 생강(相生姜)은 고치현(高知県), 잎새버섯(まい茸)은 니가타현(新潟県), 순무(小松菜)는 사이타마현(埼玉県), 완두줄기잎(豆苗)은 야마나시현(山梨県), 수박(尾花沢の西瓜)은 야마가타현(山形県), 새송이버섯(エリンギ)은 돗토리현(鳥取県), 피망(ピーマン)은 이와테현(岩手県), 토마토(トマト)는 홋카이도(北海道)가 원산지로 표시되어 있다. 바나나(バナナ)는 필리핀(フィリピン), 오렌지(バレンシアオ

レンジ)는 캘리포니아(カリフォルニア), 레몬(メイヤ-レモン)과 그린키위(グリ-ンキウイ)는 뉴질랜드(ニュ-ジ-ランド), 그레이프후르츠(グレ-プフル-ツ)는 남아프리카(南アフリカ), 메바치참치붉은살(目鉢まぐろ切り落とし(赤身))은 태평양(太平洋), 고등어모듬(しめさば盛り)은 일본(日本), 고등어절임(しめさばかぶら漬)도 일본(日本), 은연어단맛살(銀鮭甘口)은 칠레(チリ, 양식(養殖)), 무착색명태알(無着色明太子(切れ子))은 미국·러시아(アメリカ·ロシア)가 각각 원산지로 표시되어 있다. 생선회모듬(刺身盛り合わせ)은 원산지가 표시되어 있지 않다. 생가다랑어회(生かつお刺身用)는 치바현(千葉県), 참낙지회(真たこ刺身用)는 몰타니아(モ-リタニア), 토마토(洞爺湖トマト(大玉))는 홋카이도(北海道)가 각각 원산지로 표시되어 있다. 고등어 튀김(サバの唐揚げ)은 원산지가 표시되지 않으며, 굴튀김(カキフライ)은 히로시마현(広島県)의 온도(音戸)가 원산지로 표시되어 있다. 감자샐러드(ポテトサラダ)는 원산지가 표시되지 않으며, 훈제연어절편(スモ-クサ-モン切り落とし)은 칠레(チリ), 델라웨어(デラウェア)는 야마가타현(山形県), 호박(ET南瓜)은 도치기현(栃木県)·홋카이도(北海道), 맛김(味のり徳用80)은 아리아케(有明, 식품회사)가 각각 원산지로 표시되어 있다.

농수산물의 경우, 열대 과일과 일부 수산물을 제외한 대부분의 농수산물은 일본이 원산지임을 알 수 있다. 바나나는 필리핀이 원산지이고, 오렌지, 레몬, 키위, 후루츠는 각각 미국의 캘리포니아, 뉴질랜드, 남아프리카가 원산지이다. 이러한 사정은 한국의 슈퍼마켓에서도 볼 수 있다.

마지막으로, 드레싱과 기타 상품의 원산지도 〈표21〉에서 보듯 전단지에 충실히 명시된다.

〈표21〉 드레싱과 기타 원산지 표시

드레싱 및 기타 상품명	원산지 표시 정보
생레몬드레싱(生レモンドレッシング)	サカガミ
순·생바질드레싱(旬·生バジルドレッシング)	サカガミ
생바질소스(生バジルソ-ス)	サカガミ
코베카레(テイスティレトルトカレ-)	MCC
돼지고기다키타튀김도시락(もちぶた滝田揚げ弁当)	越後もちぶた
일본식젤리(和風ゼリ-)	東京カレン
믹스스낵(素入りミックスナック)	金鶴食品
훌라표감자칩(フラ印ポテトチップス)	ソシオ工房

위의 〈표21〉을 보면 드레싱 및 기타 상품의 원산지는 모두 일본 국내임을 알 수 있다. 맨 아랫단의 훌라춤표포테토칩(フラ印ポテトチップス)의 원산지는 소시오공방(ソシオ工房)인데 제과회사명이 '공방'이란 점이 매우 이채롭다(훌라춤 상표에는 훌라춤을 추는 아가씨 그림이 들어가 있다.).

지금까지 살펴본 바와 같이 일본 슈퍼마켓의 전단지에는 원산지가 대부분 명시된다. 식품회사명, 도시, 현, 일본과 같이 상세하게 명시되기도 하고 포괄적으로 명시되기도 한다. 열대과일이나 일부 수산물의 경우는 외국이 원산지이지만, 대부분의 상품이 일본이 원산지임이 매우 이채롭다. 원산지가 매우 충실하게 표시되어 있다는 점에서 일본인들은 무엇을 먹느냐에 비중을 두는 것이 아니라, 어디에서 생산된 것을 먹느냐에 비중을 두고 있다는 점을 유추해 볼 수 있다.

3.2.7 슈퍼마켓 전단지에 명시된 상품명의 문화 정보

이하의 절에서 전단지에 수록된 상품에 들어간 문화 정보에 대해서 살펴보도록 하겠다. 일본산 소고기(国産牛肩)에서 일본 소의 형상이 궁금해진다. 인터넷에서 검색을 하면 일본 소는 검정색이며, 한국 소는 황갈색인 것을 알 수 있다. 일본 소는 전체적으로 피부가 탄력적인 데 반해, 한국 소는 목에 주름이 많은 편이다. 그리고 일본 소는 머리가 작은 반면에 한국 소는 머리가 큰 편이다. 에치고돼지(越後もちぶた)가 들어간 다양한 파생상품이 있는데 구체적으로 일본의 일반적인 돼지는 어떤 모습일까? 인터넷으로 검색해 보면 한국의 돼지와 별 차이가 없음을 확인할 수 있다. 돼지소금갈비덮밥(もちぶた塩カルビ丼)은 돼지고기를 소금구이 한 덮밥이다. 한국에는 오징어덮밥이 있는데 돼지고기를 덮밥으로 한 것이 매우 이채롭다. 돼지고기꼬챙이구이(もちぶた串カツ)는 대나무꼬챙이에 일정 크기의 돼지고기를 꽂아 불 위에 다시 구운 것이다. 대나무 꼬챙이에 꽂아 구워먹는 발상은 한국에도 있지만 식재가 돼지고기인 경우는 한국에서 쉽게 볼 수 없다. 가지유(なすの油)·된장 타레(みそのたれ)에서 보듯 한국에서는 가지식용유를 쉽게 볼 수 없다. 옥수수유나 올리브유가 대부분인 한국과 비교된다. 참깨된장면쓰유(ごまみそめんつゆ)나 호마레쓰유(誉つゆ)에서 쓰유는 간장보다 조금 묽은 것으로 보통 국수면을 찍어 먹는 용도로 사용된다. 한국에서는 국수면을 간장에 찍어 먹는 식습관은 없으므로 한국사람들에게는 생소해 보일 수 있다. 고시이부키(こしいぶき)는 니가타현(新潟県)에서 생산되는 소금명이다. 일본사람이라면 누구라도 니가타현에서 소금이 생산되는 사실을 안다. 이는 한국사람들이라면 누구나 전

남 신안에서 천일염이 생산되는 것을 아는 것과 같은 이치이다. 텐구풋콩(天狗枝豆)·미료쿠(味緑)에서 텐구(天狗)는 무엇을 의미할까? 텐구(天狗)는 일본 민간신앙에서 신이나 요괴로 불리는 전설상의 생물이다. 코가 길며 피부색이 붉다. 옛날이야기에서 텐구가 등장하는 경우가 가끔 있다. 이야기를 살펴보면 공포의 대상이라고 하기보다는 사람들에게 친숙한 이미지로 여겨지는 것을 알 수 있다. 그 예로 텐구의 마음에 든 남자(天狗に気に入られた男)와 텐구의 투명망토(天狗のかくれみの)를 들 수 있다. 인터넷을 검색하면 시오노상점(塩野商店)의 상표에 텐구 그림이 들어 있는 것을 볼 수 있다. 행수(幸水)는 배품종명으로 일본에서 유명하다. 幸蔵의 幸과 菊水의 水가 합성한 것이다. 색은 옅은 갈색이며 과육은 부드러우며 즙이 많고 매우 달다. 우리나라에서는 나주배가 유명하다. 일본의 행수(幸水) 배와 우리나라 배가 맛이나 모양에 있어 어떻게 다른지를 비교해 보는 것도 좋을 것 같다. 죳파리무(じょっぱり大根)도 인터넷을 검색하면 우리나라 무와는 크기나 모양이 조금 다른 것을 알 수 있다. 죳파리무는 아오모리현(青森県) 구로이시시(黒石市)에서 재배되는 무이다. 죳파리는 일본 쓰가루(津軽) 지방의 사투리로 '완고한 사람'이라는 뜻이다. 지극 정성으로 타협하지 않고 재배한 무라는 뜻으로 해석된다. 시마네현(島根県)에서는 닛타마이고시히카리(仁多米こしひかり)가 생산된다. 니타는 시마네현에 있는 니타군(仁多郡)을 가리키는데, 니타마이고시히카리는 바로 시마네현 니타군에서 생산된 쌀을 의미한다. 한국의 안계쌀, 이천쌀과 같은 개념으로 생각하면 된다. 시마네현은 독도 영유권 문제로 우리나라와 대립이 깊은 현이다. 오징어밥(いかめし)은 속초의 오징어순대와 유사한 개념이다. 오징어 속에 밥을 넣은 점은 비슷하지만 속초의 오징어순대는 적당한 크기로 썰어먹는다. 반면에 오징어밥은 그렇지 않다. 식당에서 주로 만들어 파는 우리나라와는 달리, 일본에서는 오징어밥이 슈퍼마켓에서 판매된다는 점이 매우 이채롭다. 오바나자와수박(尾花沢の西瓜)은 오바나자와(인구 약 2만 정도의 작은 전원도시로 동북지방의 벽촌)에서 재배되어 출하된 수박이란 뜻이다. 도야코토마토(洞爺湖トマト)는 일본 홋카이도 도야코호수 주변에서 재배되고 출하된 토마토이다. 주변 지역은 상당히 경관이 수려하고 공기가 맑은 곳으로 알려져 있다. 일본 사람들에게는 청정지역으로서의 도야코 이미지가 강하게 작용하고 있는 듯 하며, 거기에서 생산되는 농산물에 대해서도 큰 신뢰를 두고 있는 듯하다. 에치고돼지구이용(越後もちぶたバラ焼き肉用)을 비롯하여 에치고돼지화이트비엔나소시지(越後もちぶたホワイトウィンナ-), 에치고돼지로스햄라이스(越後もちぶたロースハムスライス)에 들어간 에치고(越後)는 모두 니가타현(新潟県)의 옛 지명이다. 경주의 옛이름이 서라벌이고, 대구의 옛이름이 달구벌이듯이 말이다. 따라서 에치고라는 이름이 들어간 상품들은 모두 니가타현에서 생산된 가공식품이다. 닭고기튀김(南部どり唐揚げ), 닭구이(南部どりの焼き鳥), 남부닭가슴살(南部とりム肉)에서 '남부'는 아오모리현(青森県) 남부, 이와테현(岩手県)의 북부와 중부를 가리킨다. 따라서 이들 상품들은 모두 아오모리현, 이와테현과 관계가 있다고 할 수 있다. 히라카사과주스(ひらかりんごジュ-ス)에서 ひらか는 한자로 平鹿로 표기되는데, 이것은 아키타현의 동남부에 있는 농촌지역을 가리킨다. 따라서 ひらかりんごジュ-ス라는 것은 아키타현 동남부에 위치하는 히라카 지역에서 재배된 사과로 만든 주스라는 의미이다. 가지유(なすの油)는 글자 그대로 가지기름이다. 일본사람들은 가지를 원료로 참기름처럼 먹는 식습관을 가지고 있는 것이다. 참깨된장면간장(ごまみそめんつゆ), 호마레간장(誉れつゆ), 말차가 들어간 현미차(抹茶入り玄米茶) 등의 명칭을 통해서도 일본사람들의 식습관을 유추할 수 있다. 시마하라수타소면(島原手延べ素麺)의 島原는 지명이며, 手延べ는 수타의 의미를 지닌다. 구마고로냉중화면(熊五郎冷やし中華)에서 熊五郎는 고전 라쿠고(落語)에 등장하는 가공의 인물이다. 텐구풋공(天狗枝豆)에서 天狗는 이미 언급한 바와 같이 전설상의 요괴이다. 小松菜는 일본에서만 재배되는 채소이다. 고등어모듬(しめさば盛り)은 소금과 식초로 절인 고등어를 말한다. 고등어양념(しめさばかぶら漬け)과 은연어단맛살(銀鮭甘口), 무착색연어알(無着色明太子), 명태알(切れ子), 고등어튀김(サバの唐揚げ), 굴튀김(カキフライ)에서 보듯 일본사람들은 생선을 절여먹기도 하고, 튀겨 먹기도 한다. 도야코토마토(洞爺湖トマト)에서 洞爺湖는 홋카이도에 있는 호수를 가리킨다. 따라서 도야코토마토는 도야코 호수 지역에서 재배되고 출하된 토마토라는 의미이다. 고베카레(神戸テイスティレトルトカレー)에서 고베(神戸)는 일본의 유명 항구도시이다. 돼지튀김도시락(もちぶた滝田揚げ弁当)에서 もちぶた는 일본 토종 돼지를 말한다. 훌라표감자칩(フラ印ポテトチップス)에서 フラ印를 인터넷에서 검색해 보면 훌라춤을 추는 하와이 아가씨 그림이 나온다.

3.3 일본과 한국의 슈퍼마켓 전단지 비교

할인행사를 위한 슈퍼마켓 전단지는 일본에만 있는 것은 아니다. 한국의 일상생활에서도 쉽게 접할 수 있다. 이 절에서는 일본과 한국의 슈퍼마켓에 나타난 상품의 종류, 문구(광고) 정보, 원산지 표시, 음식문화 정보를 비교하고자 한다. 고찰의 대상이 되는 슈퍼마켓 전단지는 본 저자가 자주 이용하는 모 마트에서 발행한 것이다(2016.08.). 이 전단지를 고찰의 대상으로 삼은 이유는 몇 가지가 있는데, 첫째, 슈퍼마켓의 규모가 비슷하기 때문이다. E마트와 같은 대규모 슈퍼마켓도 아니고 소규모의 슈퍼마켓도 아니라는 점에서 공통점을 지닌다. 둘째, 인근 환경의 유사성이다. 일본의 SAKAGAMI슈퍼마켓은 하치오지시(八王子市)의 미나미오사와(南大沢駅)에 위치하고 있다. 인근에 首都大学東京가 있으며 상가가 있고 주택단지가 있다. 저자가 거주하는 한국의 모 마트는 인근에 초등학교와 중학교가 있고, 은행 본점이 있고 교육청이 있고 대단위 아파트 단지가 있으며, 지하철역이 있다. 인근 환경이 동일하다고는 할 수는 없지만 특정 지역민들의 일상생활에 적지 않은 사람들에게 있어 필수불가결한, 중간 규모의 슈퍼마켓으로서의 기능을 한다는 점에서 서로 공통점을 지닌다.

3.3.1 상품 종류의 비교

일본과 한국의 전단지에 수록된 상품은 한국의 슈퍼마켓이 훨씬 많았다. 제1장에서 이미 제시한 바와 같이 일본 슈퍼마켓의 전단지에 수록된 상품은 모두 72개였던 것에 반해, 한국의 경우는 244개나 되었다. 한국의 슈퍼마켓에서 할인하는 상품의 수량이 일본보다 3배나 많은 셈이다. 이러한 차이가 발생하는 이유는 상품의 유통구조나 단가의 차이에서 비롯된다고 생각되지만, 한편으로는 질을 중시하는 일본

사람과 양을 중시하는 한국사람들의 기질 차에서 비롯되는 것일지도 모른다.

전체 상품을 육류, 음료, 조미료, 차, 면류, 농수산물, 드레싱, 기타로 나누어 비교하면 다음의 〈표22〉와 같다.

〈표22〉 일본과 한국의 슈퍼마켓 전단지에 수록된 상품 수량 비교

	육류	음료	조미료	차	면류	농수산물	드레싱	기타	합계
일본	13개	5개	6개	1개	2개	37개	3개	5개	72개
한국	38개	21개	9개	5개	26개	87개	0개	58개	244개

위의 〈표22〉를 보면 전반적으로 한국 슈퍼마켓의 할인 상품 수량이 압도적인 우위를 차지하는 것을 알 수 있다. 먼저 육류를 보면 일본의 우육, 돈육, 계육, 소시지가 주류를 이루는 반면에 한국은 우육, 돈육, 계육, 오리고기, 계란, 소시지 등 다양하다. 그리고 한국의 경우, 우육과 돈육의 경우 용도별, 부위별로 상품이 세분화되어 있는 것을 확인할 수 있다. 예를 들면 다음과 같다.

한우꽃등심모듬구이, 목우촌골든치킨너겟, 청정원김밥속햄, 진주순대, CJ더건강한미니비엔나, 주부9단비엔나소시지, 진주줄줄이비엔나, 진주홈소세지, CJ고메함박스테이크, 비비고왕교자, 생가득교자만두, 해태고향만두, 풀무원납작지짐만두, 진주순대, 롯데베이컨스킨팩, 하림빌소시지, 한우채끝등심불고기, 한우국거리, 한우사태(장조림), 흙돼지 구이, 한돈등갈비, 한돈생사태, 한돈생갈비, 한돈찌개용, 한돈생삼겹, 한돈목살, 생오리주물럭, 다향생오리, 다향훈제오리, 다향훈제오리, 한돈불고기양념, 서라벌막창, 이바라막창, 삼겹/목살 훈

제, 왕갈비양념, 호주산 국거리/다짐육, 초이스 LA갈비, 별별란(특란), 알드림(대란).

둘째, 음료도 한국의 슈퍼마켓 쪽이 압도적인 우위를 보인다. 일본의 경우, 물, 요구르트, 맥주, 와인, 주스, 꿀 등이 대부분이었는데, 한국의 경우, 새코미요구르트, 코카콜라, 썬키스트제주감귤, 매일뼈로가는칼슘두유담백, 베지밀검은참깨두유, 비락두유, 맛있는우유GT, 참담금주, 가야사양벌꿀, 삼다수, 철원순수, 청정원물엿, 이츠웰이온물엿, 오뚜기식용유, 오뚜기양조식초, 오뚜기사과식초, 포카리스웨트, 매일우유, 삼양우리가족우유, 서강연유크리밀, 떠먹는요구르트 등이 확인되었다.

셋째, 조미료의 경우는 한국 쪽이 3개가 많았다. 일본의 경우는 간장, 된장, 소금, 갈색전분액이 주류를 이룬 반면에, 한국의 경우는 청정원발효진간장, 몽고송표간장골드, 삼화진간장, 청정원진간장, 청정원고추장, 해찬들고기전용쌈장, 순창양념듬뿍쌈장, 큐원갈색설탕, 큐원하얀설탕 등이 있었다. 일본에는 볼 수 없는 쌈장의 존재가 눈에 띈다.

넷째, 일본의 경우, 한 개의 차가 할인품목으로 나왔지만, 한국의 경우는 5개의 품목이 확인되었다. 그 예로 레쓰비마일드(캔커피), 고향복숭아홍차, 신선한리치/모카, 맥심모카골드믹스, 남양프렌치카페커피믹스 등을 들 수 있다.

다섯째, 일본의 경우, 면 상품은 소면과 중화면만이 확인된 반면에, 한국의 경우 무려 26개의 면 상품을 할인 판매하고 있었다. (면의 원료인 가루(밀가루, 콩가루, 튀김가루, 부침가루도 포함하였다.) 예를 들면 구포국수, 해표쫄깃한국수, 복만네소면, 신갈산치자막국수소면, 복만네콩가루, 백

설중력밀가루, 오뚜기튀김가루, 오뚜기부침가루, 해뜨락냉면사리, 종가집동치미물냉면, 풀무원평양물냉면, 해뜨락쌀떡볶이, 해뜨락생칼국수, 백설밀당매콤달콤쫄면, 하이면, 오뚜기스테이크스파게티면, 오뚜기옛날자른당면, 오뚜기옛날당면, 알뜰당면, 오뚜기육개장, 삼양라면, 안성탕면멀티, 신라면멀티, 팔도불짬뽕, 삼양굴불닭볶음면, 팔도비빔면 등의 예가 확인되었다. 일본에는 없는 콩가루, 냉면, 떡볶이, 쫄면 등의 예가 눈에 띈다.

여섯째, 일본의 경우, 이미 언급한 바와 같이 농수산물로 풋콩, 쌀, 복숭아, 배, 무, 가지, 파, 오징어, 생강, 잎새버섯, 순무, 완두줄기 및 완두잎, 수박, 새송이버섯, 피망, 토마토, 바나나, 오렌지, 레몬, 키위, 그레이프후르츠, 감자샐러드, 포도, 호박, 맛김, 참치, 고등어, 연어, 명란, 모듬회, 가다랭이회, 낙지, 가다랭이회, 고등어튀김, 굴튀김, 훈제연어 등이 전단지에 실려 있었다. 이에 반해 한국의 경우, 87개의 농수산물이 전단지에 실려 있었다. 농산물로는 영양쌀, 안계도덕쌀, 건강혼식, 삼안안계쌀, 두부, 포도, 거봉, 사과, 양파, 양배추, 무, 새송이버섯, 당근, 깐마늘, 깐양파, 바나나, 체리, 천도복숭아, 수박, 대파, 청양고추, 부추, 애호박, 맛타리버섯, 통배추, 오뚜기스위트콘, 황도, 새송이다발, 새송이콩, 단호박, 하우스밀감, 토마토, 그린키위, 찰옥수수, 주스용당근, 통연근, 표고버섯, 우엉잎/호박잎, 삼색파프리카, 깻잎, 가시오이, 갈은마늘, 콩나물, 고추씨, 블루베리, 월계수잎, 태영감초, 진주3종과일믹스, 샤니딸기잼 등의 예가 확인되었다. 해산물로는 제주갈치, 간갈치, 낙지, 꽁치, 활전복, 조기, 자반고등어, 전복, 오징어, 돌자반, 짱구쥐쥐포, 모듬안주, 오징어채, 석쇠구이쥐포구이채, 오징어다리, 등근다시마, 둥근미역, 냉동꽁치, 동원꽁치, 사조로하이고등어, 사좌연산골뱅이, 성경올리브돌자반, 성경올리브녹차김, 풀무원도시락김, 협동두번구운김밥김, 현동김채, 지도표성경전장김, 동원참치, 해뜨락무산어묵, 백설부산어묵 등의 예가 확인되었다.

일곱 번째, 한국의 슈퍼마켓에서는 일본과 달리 드레싱류의 할인상품은 보이지 않았다.

마지막으로 기타로는 한국의 할인상품이 일본보다 11배나 많았다. 일본은 카레, 도시락, 젤리, 스낵, 감자칩밖에 보이지 않았다. 반면에 한국의 경우, 종이컵, 부탄가스, 헬로순수플러스3겹, 크리넥스에어터치3겹, 꿈토리냅킨, 황니업소용물티슈, 깨끗한나라치킨타올, 헬로골드소프트, 한성유부초밥, 진주초밥짱, 오뚜기밥, 오뚜기3분쇠고기짜장 및 카레, 오뚜기불고기피자, 오뚜기콤비네이션피자, 혜성마카로니, 아침엔 밀크토스트, 믹스파티, 누네띠네, 오란다, 해태허니버터, 해태홈런볼초코, 오리온다이제초코, 해태사브레, 해태오예스, 오리온바나나초코파이, 해태에이스, 롯데제크오리지날, 롯데샌드, 초코칩쿠키, 빠다코코낫, 라이스쿠키2번들, 오리온고소미, 고구마바나나, 첵스오곡초코, 포스트콘푸라이트, 스파크리필, 피죤, 샤프란, LG테크천연베이킹, 리큐액체, 애경토탈케어, 클리오덴티메이트초극세모, 려샴푸/린스, 미장센펄샤이닝, 해피바스, 리프레쉬슈퍼롱오버나이트, 피죤제습제, 해피박스퍼펙트썬크림, LG자연퐁, 스마트쿨러백, 스마트아이스팩, 오곡물티슈, 엉덩이물티슈, 오이/살구비누, 크린고무장갑, 락스 등에서 보듯 다양한 예가 확인되었다.

일본의 경우, 육류와 농수산물 관련 상품들이 할인상품으로 많이 나온 것과 마찬가지로 한국의 슈퍼마켓에서도 농수산물과 육류가 가장 많은 비중을 차지하였다. 유통 기한이 다른 상품에 비해 짧기 때문일 것으로 생각된다.

3.3.2 광고 문구의 비교

결론적으로 말하면 한국 슈퍼마켓의 전단지에 수록된 할인상품은 일본에 비해 그 수량이 압도적으로 많음에도 불구하고 광고 문구는 하나도 확인되지 않았다. 3.2.5절에서 언급한 바와 같이, 상품 광고 문구의 기능은 해당 상품에 숨어 있는 정보를 전달하는 것인데, 한국 슈퍼마켓의 전단지에는 그러한 정보가 일절 수록되어 있지 않았다.

육류 광고를 예로 들면 일본 전통 우육의 경우, "가벼운 마음으로 안심할 수 있는 국산 소고기를 드세요", 비엔나 소시지의 경우, "신상품, 레몬의 신맛과 양파의 단맛을 더한 상큼한 맛의 소시지"와 같은 광고 문구가 보인 반면에, 한국 슈퍼마켓 전단지에는 그러한 광고 문구가 일절 실려 있지 않았다. 음료, 조미료, 차와 면류, 농산물, 기타 상품에도 사정은 마찬가지였다. 광고 문구가 전혀 없는 것은 아니었는데, 예를 들어 농산물의 경우, "믿을 수 있는 우리 농산! 가장 싼 가격으로 드리겠습니다. fresh 신선식품 초특가세일", 해산물의 경우, "바다의 싱싱함 그대로 전합니다. fresh 수산코너 초특가세일", "fresh 건어물 초특가세일"과 같이 특정 종류의 할인상품을 일괄해서 제시한 것이 전부였다. 하나하나의 할인상품에 고유의 광고 문구가 실려 있었던 일본의 경우와는 매우 대조적이었다.

3.3.3 원산지 표시 비교

일본 슈퍼마켓 전단지에는 원산지가 매우 충실하게 표시된 반면에, 한국은 거의 표시가 되지 않았거나, 표시되었다고 해도 표시가 정확하게 이루어지지 않았다. 앞에서 본 것처럼 일본의 경우, 육류 상품의 경우, 일본, 현, 제조회사명이 기재되어 있었다. 그러나 한국의 경우, 한우와 한돈, 서라벌막창, 호주산 다짐육, 초이스 LA갈비, 행정구역명이나 식품회사가 구체적으로 명시되지 않았다. 음료에 대해서는 지명이 들어간 원산지명과 제조회사명이 비교적 잘 명시된 편이었다. 예를 들면 제주삼다수, 철원순수, 가야사양벌꿀, 청정원물엿, 매일우유 등이 확인되었다. 조미료의 경우도 한국 슈퍼마켓 전단지에는 비교적 원산지 표시가 잘 되어 있었다. 예를 들어 몽고종표간장골드, 삼화진간장, 순창양념듬뿍쌈장 등의 예가 확인되었다. 차와 면류의 경우는 모두 원산지 표시로 제조회사명이 들어가 있다. 예를 들어 고향복숭아홍차, 맥심코카골드믹스, 남양프렌치카페커피믹스 등이 있었다. 그러나 농수산물의 경우, 일본의 슈퍼마켓 전단지에는 원산지가 매우 정확하고 충실하게 기재된 반면에, 한국은 전혀 다른 양상을 보였다. 일본 슈퍼마켓의 전단지에는 군마현, 시마네현, 야마가타현, 치바현, 아오모리현 구로이시시, 오이타현, 고치현, 니가타현, 돗토리현, 홋가이도, 사이타마현, 야마나시현 등에서 보듯 현 단위의 자세한 원산지 표시가 이루어져 있었다. 반면에 한국의 경우, 포도, 거봉, 대파, 고추씨, 콩나물, 블루베리, 월계수잎, 계란 등의 상품에는 원산지 표시가 아예 이루어지지 않았다. 사과, 양파, 양배추, 무, 새송이버섯, 깐양파, 깐마늘, 천도복숭아, 수박, 청양고추, 애호박, 맛타리버섯, 통배추, 무, 새송이콩, 단호박, 하우스밀감, 토마토, 찰옥수수, 우엉잎, 호박잎, 깻잎, 가시오이, 갈은마늘 등에도 원산지 표시가 전혀 보이지 않았다. 단순히 '국산'이라고만 기재되어 있었다. 진주3종 과일주스, 진주줄줄이 비엔나소시지 등의 할인상품에는 '진주'라는 원산지가 그나마 제대로 명시된 경우라고 할 수 있다. 그린키위, 체리, 당근은 수입이라고만 표시가 되어 있지, 정확히 어느 나라에서 수입한 것인지에 대해서는 전혀 표시되어 있지 않았다.

3.3.4 음식문화의 비교

먼저 일본에서는 소금구이한 돼지고기 덮밥, 가지 식용유를 먹는 식습관이 있으며, 니가타현에서 소금이 생산되는 것, 식품회사의 상표 중에 텐구라는 요괴 마크가 들어가 있는 것, 한국과는 다른 형태의 무가 재배되는 것, 도야코라는 지역이 청정지역이라는 것 등을 알 수 있었다.

한국의 경우는 일본과는 달리, 국거리용, 장조림용, 찌개용으로 나아가 양념의 방식으로 육류를 섭취하는 다양한 음식문화를 전단지에서 발견할 수 있다. 또한 막창, 순대, 지짐만두를 먹는 식문화도 확인할 수 있다. 제주도에서는 감귤과 삼다수가, 진주에서는 돈육에 관련한 다양한 상품이, 부산의 구포에서 국수가 생산되는 사실로 보건대, 특정한 지역에 깃든 풍물과 정취를 전단지를 통해서 느낄 수 있었다. 물엿, 고추장, 쌈장, 냉면, 떡볶이, 칼국수, 쫄면, 당면, 갈치, 쥐포, 골뱅이, 맛김 등을 먹고, 커피믹스와 두유를 마시는 일상의 음식문화가 있음을 전단지를 통해 알 수 있었다. 물론 참치, 고등어, 꽁치, 전복, 다시

마, 라면, 국수, 홍차, 설탕, 간장, 우유, 요구르트, 콜라, 식초, 육류, 주스, 포카리스웨트, 계란 등과 같이 한국에도 일본에도 모두 존재하는 할인상품도 적지 않다. 이와 같이 전단지 한 장을 통해서도 외국인의 시각으로 일본사정을 발견할 수 있다.

〈제9장의 참고문헌〉

다니엘롱(ダニエル・ロング, 2012a)「2.名前」『日本語からたどる文化』放送大学教育振興会, pp.37-52.

다니엘롱(ダニエル・ロング, 2012b)「3.地名」『日本語からたどる文化』放送大学教育振興会, pp.21-35.

미나미지마(南島地名研究センター, 2006)『地名を歩く』ボーダーインク, pp.1-252.

미즈타니 오사무(水谷修, 1995)『日本事情ハンドブック』大修館書店, pp.4-486.

시미즈 요시아키(清水義昭, 2002)「第8章 日本事情」『概説日本語学・日本語教育』おうふう, pp.91-107.

야스이 이즈미(安井泉, 2010)「第2章」『ことばから文化へ』開拓社, pp.12-89.

일본국제교류기금(日本国際交流基金, 2010)『日本事情・日本文化を教える』ひつじ書房, pp.2-97.

천호재 (2015)『일본의 음식문화와 레토릭』도서출판 책사랑, pp.1-355.

천호재(2016)『언어문화로 본 일본사정의 의해』역락, pp.13-207.

최광준(2012)『일본문화의 이해』신라대학교 출판부, pp.8-220.

한복진・차진아・차경희・신정규(2009)『한국음식문화와 콘텐츠』글누림, pp.23-445.

〈幸水〉 http://foodslink.jp/syokuzaihyakka/syun/fruit/nashi-kousui.htm 검색년월일(2018.07.11.)

〈じょっぱり大根〉

https://ja.wikipedia.org/wiki/%E3%81%98%E3%82%87%E3%81%A3%E3%81%B1%E3%82%8A 검색년월일(2018.07.11.)

일본어학의 이해

초판 1쇄 발행일 2019년 1월 21일

지은이 천호재
펴낸이 박영희
편집 박은지
디자인 원채현
마케팅 김유미
인쇄·제본 태광 인쇄
펴낸곳 도서출판 어문학사
서울특별시 도봉구 해등로 357 나너울카운티 1층
대표전화: 02-998-0094/편집부1: 02-998-2267, 편집부2: 02-998-2269
홈페이지: www.amhbook.com
트위터: @with_amhbook
페이스북: https://www.facebook.com/amhbook
블로그: 네이버 http://blog.naver.com/amhbook
다음 http://blog.daum.net/amhbook
e-mail: am@amhbook.com
등록: 2004년 7월 26일 제2009-2호

ISBN 978-89-6184-487-1 93730

정가 13,000원

이 도서의 국립중앙도서관 출판예정도서목록(CIP)은 e-CIP홈페이지(http://www.nl.go.kr/ecip)와
국가자료공동목록시스템(http://www.nl.go.kr/kolisnet)에서 이용하실 수 있습니다.
(CIP제어번호: CIP2018042367)